お天道さまは見ている

はじめに

よく「なぜ、お坊さんになったのですか」と聞かれます。いろいろな理由がありますが、ひと言で言えば、教員生活（塾講師六年・高校教諭十四年）の中で、宗教教育の必要性を感じたからなのです。今の世の中で、最も必要とされていることが宗教教育だと確信したからです。教育の場というのは、「学校」「家庭」「地域」の三つでありますが、どの場においても「宗教教育」は不足どころか、「無い」のが現状です。公立学校は宗教教育禁止ですし、家庭においても仏壇や神棚もなく、身内の法事、年回忌法要にも、塾やクラブ活動が忙しく子供は参加しません。地域においては、十八万を超える宗教法人のお寺や神社が身近な存在とは言い難いです。そもそも日本人には「宗教」とは何かも理解されていません。縁あって僧侶にさせていただき二十年を超え、いつも訴えてきたことをここにまとめました。二〇一三年と二〇一四年に鳴門市仏教会で行った講演をもとにして加筆しました。

人間と餓鬼と畜生

無着成恭

私が山形中学校（現、山形東高校）に入学したのは昭和十五年（一九四〇）でした。担任は歴史の先生、京都帝大を卒業して三年目の柏倉先生でした。それで父はよろこんで「天皇家は敬虔な仏教徒だったんだ。だから京都の御所には国宝級のお経の本や仏像や仏具があったんだ。それを薩長の奴等が庭にほうり投げて焼いてしまったんだ。焼かなかったのは京都の泉涌寺へ運んだんだ。そうやって天皇家を仏教から切り離して、天皇絶対主義を打ち出したんだ。その辺のところを教えてもらえ」と言ったのでした。支那事変の最中でしたし、翌年（昭和十六）は大東亜戦争が始まった年なので教えてもらえなかったけれど、明治維新のときの宗教政策の間違いが今日の日本をつくっていると思うようになったのは、父のこの言葉です。

ヒト以外の一切の動植物は宗教を持っていません。宗教を持っているのはヒトだけです。ヒト以外の動植物はなぜ宗教を持たなくともよいか？　それは食欲も性欲も、つまりすべての欲望が、大自然の掟によって支配され調整されているからです。それに対してヒトだけは自然に働きかけて必要なものを作り出す能力を持ったので、欲望を自分自身が支配し、調整しなければならなくなったからです。欲望をコントロールできない人のことを「餓鬼」と言い、欲望と欲望がぶつかり合っている現場を「修羅場」と言います。修羅場から抜け出す方法を持たない人のことを「地獄」に落ちていると言います。「畜生」というのは中立です。人間の子供も畜生（養われて生きている）として生まれるのですが、宗教を持つことで人間になるのです。逆に、宗教を持たないヒトは、畜生より一段レベルの低い餓鬼になってしまうのです。人間になるためには宗教を持たないといけません。人格は、宗教によって形成されるのです。

日本人は、明治から昭和二十年まで軍国主義教育で地獄に突き落とされ、戦後は経済主義教育で地獄に突き落とされています。日本人は、経済一流、政治二流、宗教三流の無宗教で宗教オンチ、宗教そのものを知りません。エコノミックアニマルと外国から言われてしまいます。

その西洋諸国は、東西の冷戦終了後、特に湾岸戦争以降、最近のイスラム教過激派組織問題まで、宗教的政治的経済的民族的問題を抱えています。そんな現代の世界において、日本人の役割は大きいのです。唯一絶対の神を説く砂漠の宗教に対して、モンスーン地域である東洋の宗教、仏教の説く平等、平和の思想は、そういう世界にも影響力があるのです。

この本の著者ジョーユーさんは、私の南無の会の同志・名説教師、故花山勝友博士の弟子です。花山師亡きあと、師から預かった私の十番目の「預かり弟子」です。預かり弟子のことをほめるようで恐縮ですが、この本は、まさに今の日本人に必要な書です。宗教入門、仏教入門の書でもあり、宗教教育の必要性が説かれ、これからの子供たちにも大切な内容が書かれています。人間にとって宗教教育ほど大切なものはないのです。中でも仏教ほど心を豊かにしてくれるものはありません。餓鬼から人間になるためにも、宗教を持たなければなりません。そういうことがよくわかる本です。

最後に、日本のお坊さん達は、今こそ国家の制度や、檀家制度、宗派にとらわれず、お釈迦さまの教えをわかりやすく説明し、それを信仰にまで高めていく重責を担っていることを自覚すべきです。

合掌

平成二十七年二月

（山形・沢泉寺十九世、千葉・福泉寺二十九世、大分・泉福寺独住九世・現東堂
元ＴＢＳラジオ「全国こども電話相談室」回答者・九十歳）

＊目次＊

はじめに

一、お寺はシェルター

1　笑う門には福来る

初めての機会ですので、自己紹介をいたします。私の名の「浄友」は、法名ですが、戸籍上も浄友であります。浄土真宗は、戒名とは言わず法名といいまして、平成三年の得度の際にいただいたのですが、恩師・故花山勝友先生（平成七年六十三歳でご往生）が「友」の字をくださいました。花山先生は、浄土真宗本願寺派が運営している武蔵野大学（当時は、武蔵野女子大学）の教授、副学長でいらっしゃって、当時「仏教界の三大スター」のお一人で名説教師として有名でした。先生は東京大学の落語研究会の創始者で、講演はいつも笑いの渦でありました。

さて、いつも輪袈裟にバッジを二つ着けております。一つは赤い方で「プロテクト9（ナイン）」と書いてあり西本願寺の住職さんを中心に「念仏者九条の会」というのをやっております。こちらは「憲法九条を守りましょう」という会であります。いわゆる護憲派です。右翼でも左翼でもない中道であります。憲法九条を世界遺産にとか、ノーベル平和賞にという意見もあるように「戦争放棄」を謳った憲法九条は、世界に誇る平和憲法であり、「憲法を守りましょう」という、いわば護憲派の活動です。今、総理大臣の安倍晋三さんは憲法を変えようとしています。集団的自衛権の問題や原発問題などが起きてきてわれわれは反対をしております。その理由は簡単です。

お坊さんというのは、いのちの問題の専門家であります。お坊さんっていうとお葬式の時とか法事の時しか出てこないようですが、僧侶の専門はいのちの問題です。いのちというものがどうあるべきなのか。ですから今日も三途の川のお話もいたしますが、いのちが終わった後どうなるのかという死後の世界も含めて、いのちを大切にしようという専門家です。そして、憲法の問題も、もちろんいのちの問題です。皆さんのお子さんの時代になったときに、自衛隊が軍隊になるかもしれません。すると、死者が出ます。軍隊に行きますっていう人がどんどん減ります。今でもそうですね。「自衛官募集」ってやっていますがなかなか集まらないんです。同じ公務員でも警察官は集まります。これがましてや軍隊に入って死ぬんだということになったらもっと集まらなくなります。すると困りますから徴兵制度になります。お隣の韓国は徴兵制度です。というように皆さんのお孫さんたちとかが戦争に行くことになるわけです。それを考えただけでもこの九条というものは守らなければいけないですね。護憲か改憲か、いろいろ意見があります。しかし、今ここでその議論をしようとは思いませんが、われわれ僧侶はいのちの尊さということで憲法九条を守りましょう「プロテクトナイン・念仏者九条の会」をやっております。この話はここまでです。

さて、もう一つのバッジ、変わったバッジをもう一個つけています。オレンジ色のハートと赤いハートが描かれております。このお袈裟は、布教使輪袈裟といってこれは本願寺からいただいた貴重な本山のハンコまで押してあります。この資格をいただくのに、実は二回も落ちておりまして、このお袈裟をもらうまでは大変だったのです。京都の本山まで行って。なかなかこの布教使輪袈裟っていうのはもらえない。そんな大事なお袈裟にハートのバッジを付けているのは私しかいないんです。このバッジには、なんて書いてあるか。「笑い療法士」って書いてあります。それが最初の自己紹介でございまして、笑い療法士・笑い伝道士という資格も持っております。「一日五回笑って五回感動する。笑い療法士とは、笑いをもって自己治癒力を高めることをサポートする人のことです。笑いは人が幸せに生きることを支え、また病気の予防にもつながっていきます」というものです。もう少し説明いたしましょう。

人間は一日にがん細胞がどれくらいできているかご存知ですか。胃がんとか肺がんとか乳がんとかあのがん。笑い療法士はお医者さんたちと一緒にやっている活動です。順天堂大学の奥村教授というお医者さんがおっしゃっていますが。なんと一日に数千個のがん細胞が生まれているると言われているのです。一日に数千個もできていたらがんにならないほうがおかしいと思いませんか。人間の体は六十兆個もの細胞があるので、割合からすれば小さいようですが、しかし、数千個ものがん細胞は怖いです。でも、なぜがんにならないのかというと「免疫システム」があるから大丈夫なのです。免疫力。または自然治癒力というのがありまして、がん細胞（ウイルス、細菌など）をやっつけてくれるのです。

分かりやすくグーチョキパーで考えましょう。がん細胞をグーとしましょう。ここにパーとしての免疫システムがあるわけです。ですからこの免疫力、自然治癒力、例えばがんをやっつけてくれるのはナチュラルキラー（ＮＫ）細胞と言ったりしていろんな細胞があるわけですが、そういう細胞がちゃんとやっつけてくれるわけです。ところがこの免疫力が落ちて機能しなくなることがあります。そうするとグーのがん細胞が元気になります。どういう場合に免疫力が落ちるのかと言いますと、ここにチョキがいるわけです。それが何かというと、病院に行って、お医者さんがよくおっしゃる病気の原因（誘因）があるのです。それは「ストレス」です。もう何かにつけてストレスですねと、お医者さんに言われる。この診断は非常に多いです。眠れませんとか食欲がありませんとか、胃が痛いですとかいろんな問題のときに「ストレスですね」と、お医者さんが言います。現代人の健康を考えたとき、最も大きな問題と言われているのがこのストレスです。で、このストレスが免疫力、自然治癒力、こういうものを落とさせるのです。ですからストレスはためてはいけないのです。

それではどうしたらいいのかとなりますが、それが「笑い」なんです。笑いというのは免疫力を高めます。そして、ストレスを発散してくれます。この両面で意味があります。それもお金がかからない。そして副作用もない。漢方薬でさえも副作用はあります。薬というのは必ず副作用を伴ってしまうものですが、笑いには副作用がないのです。

日本笑い学会という学会がありまして、二〇一一年七月二十四日、関西大学で私が発表をしました。そしたら一番偉い先生が「ジョウユウ先生、あなたの発表の中の一つだけ間違っていることがある」と言われました。なんですかって聞いたら「笑いには副作用があるんです」というう。そんなお話聞いたことありませんって言ったら「字が違う」って言うのです。「幸福の福で『福』作用があるのですよ」って一本取られて、拍手と笑いが出ました。そのように「笑う門には福来る」という笑いは人間にとって大変いいことであります。動物は笑いませんからね。今日の終了までに五回は笑っていただきます。日本人は一日五回笑っていないのです。五回笑ってないから「一日五回笑いましょう」というスローガンになるわけです。

　そして、特に男性は笑いません。今日もいろいろとココで笑って欲しいなとか、そういうネタをお話しするのですが、男性は「フン、面白くない」「仏法の話はどうしたんだ」「何が笑いだ」とこういう感じで冷たい視線なのです。そういう方に限って早死になんです（笑）。私は全国のお寺でこうやっていろんなお話をしていますが、男性の方はほとんど笑わない。悔しくて……。五回笑ってもらおうと思ってお話ししているのに笑ってくれないのです。それでいつも皮肉のように「だから男性は早死にするんですよ」と、やり返す。これ実は皮肉でもなんでもなくて事実です。笑わないとストレスがたまってしまうのです。だから男性の平均寿命が短いのです。本日は男性陣も笑いましょう。女性の方は本当に明るくアッハハハ

と笑ってくださる。これが長生きの秘訣です。呼吸法なのです。そして、笑うと貴重な脳内物質（ベータエンドルフィンとか、ドーパミンとかセロトニン等）が出るのです。免疫力が上がるのです。

そして、できればおなかから声を出していただく。ホホホでももちろんいいんですが、できればアッハハハと腹式呼吸で笑いましょう。お経をあげるとかカラオケで歌うとか、大きな声で笑う、息を吐く。これは大事です。ですからアッハハハと大きな声で笑ってください。息をお腹から吐くのです。そして、息を吸うときは胸ではなく、お腹で吸うのです。その息を吸うときに、変な息の吸い方をすると、息を引き取ると……。これは笑うところですから（笑）。お寺で息を引き取るとか、縁起でもない、そういうブラックジョークはやめてくださいとか言われますけど、これはあくまで、笑う練習ですから（笑）。

笑いは、ギリシャの昔からアリストテレスが「動物の中で笑うのは人間だけである」と言っていたり、日本でも『古事記』の中で、天の岩戸に隠れた天照大神《あまてらすおおみかみ》を神々が笑って踊って誘い出すのも有名です。天照が隠れて世の中が暗くなった時に、笑いが重要というのは、日本人の「笑う門には福来る」という言葉に、まさに表現されていると思います。

今日は、般若心経のお話も少しするのですが、「ギャーテーギャーテー（羯諦羯諦）ハラーギャーテー（波羅羯諦）ハラソーギャーテー（波羅僧羯諦）、腹が減って、ギャーギャーうるせえお経だなっ」ていう般若心経。これ私の師匠がＮＨＫでやっていたのです。「花山先生、ＮＨＫで『羯諦羯諦、腹が減ってうるせえな！』なんて言って問題にならないんですか？」「いいえ、一度もクレームがついたことはありません」っておっしゃっていた私の師匠のネタなんですが、花山先生は東京大学落語研究会の創始者という大変面白い先生だったんです。

今何が言いたかったのか。「羯諦《ぎゃてい》羯諦《ぎゃてい》波羅《はら》羯諦《ぎゃてい》波羅僧《はらそう》羯諦《ぎゃてい》菩提《ぼじ》薩婆訶《そわか》般若心経《はんにゃしんぎょう》」ってお坊さんのお経。これ、今一息でやったんですよ。息継ぎしてないんです。一息でグワーッと声を出してるのです。息継ぎしてないのです。そういうのを「長息（生き）」って言うんです（笑）。どうもありがとうございます。これは、毎回最初にやるネタです。

しかし、どこで笑っていいか分からないって言われました。しょうがない、そういう方のためにこれは笑う練習ですから、皆さんの長生き健康のためですから、笑う場所をサインでお知らせすることにしました。先代の林家三平師匠が「どうもすいません」って、おでこに手を当てて、やっていました、アレです。私がおでこに手を当てて、サインを出した時は笑う。面白くなくても笑う。これ五回以上やりますから。覚悟してください（笑）。

そもそも、こうやってお寺になぜ来るのですか？　来て笑ってそして死後の話なんかを聞いて何になるのでしょうか？　答えは、元気をもらうのです。いいですか。お寺というのは先祖供養だけではないのです。ここに来ている皆さんが長生きして元気になる。そしてみんな仲良くなる。世の中が平和になっていく。実は、これは仏さまの願いです。世の中が安穏に、平和になる。しかし、いずれ人は皆、死の時を迎えねばならない。人が死ぬというのはこれ仕方がないのです。中には早く亡くなる方もいます。こちらのお寺の仏さま、ご本尊は薬師如来さま。薬みたいな仏さまです。こちらを後で皆さん帰る前にお参りして帰ってください。薬師如来さまは薬みたいな仏さまです。だから効きますよ。しかし、それでも必ず死は訪れます。私の師匠、花山先生がいつも言っていました。「人間の死亡率は一〇〇パーセント」(笑)。言われてみれば当たり前のことです。人間の死亡率は一〇〇％、みんな死ぬのです。

2　お寺はシェルター

実は、何で笑い療法士の活動をお寺でもやっているのかというと、実はお寺はシェルターなのです。シェルターというのは、避難所、防空壕、動詞にすると保護するという意味です。核シェルターは、放射能から守ってくれるところです。原発（原子力発電所）の近くの新築家屋に、核シェルターを作ったというニュースがありました。お寺は、昔から老若男女が集まる所、コミュニティ（地域共同体）だったのです。お寺というところは泣いたり笑ったり、本来人々がこうやって集まって話し合いをしたり、法話を聞いたり笑ったり。子どもたちが来れば、遊んだり、そして勉強をしたり。それが寺子屋です。今子どもたちは、プレステとかモバゲーだとかそういうのをみんなやっていますけれども、昔はラジオさえもなかった。テレビもついこの間までなかった。テレビができたのは今の天皇が皇太子の時代に婚約やら結婚が報道されて、昭和三十四年頃普及した。あの頃にテレビがぽつぽつとあって、どこかのうちでテレビがあるなんていうと、そこに見に行ったり、街頭テレビで力道山を応援したりした。そういう時代だったんです。テレビなんてなかった。ラジオはその前からあった。昭和二十年に、天皇陛下が戦争が終わったことを伝えるのをラジオで聞いた、なんて言う人がたまにいますけど。当時のラジオは品質も電波も悪くて、何を言っているのか分からない、雑音だらけだった。高度成長期以前にテレビとかラジオなんてなかったのです。たまに映画ぐらいはあったかもしれないですけど。なかなか娯楽とかなかった時代です。東京ディズニーランドもテーマパークもなかったのです（笑）。

それではどうしていたのか。人々は昔はお寺に集まったのです。お寺に、こういう説教師がいて、いろんなお話をしてくれたりして、これが何百年といってもいい説法の歴史です。江戸時代から、そういう説法があったのです。人々はお寺に集まって説法を聞いて、そこから落語とか浪曲とかそういう芸能が始まっていったのです。もとは、お寺の説法だったんです。現代の落語噺のネタが散見される『醒睡笑』を書いた安楽庵策伝は、落語の祖と言われますが、彼は江戸時代初期の浄土宗の僧侶で説教師だったのです。あの落語の高座というのは、お寺にあって、高座に上がって説法をしたのです。私は先日、北海道・室蘭の本光寺さんという浄土真宗本願寺派のお寺で高座に上がり、ご法話をいたしました。現在も高座が本堂にある

お寺があります。

　そのように、昔からお寺には人々が老若男女みんな集まってきていた。人生相談だったり、いろんな悩みを聞いてもらったり、住職さんはいろんな相談を受ける。そういうのがお寺だったんです。ですから、笑ったり泣いたりというのは本来のお寺の姿なのです。というように、お寺で笑うということは大事なこと。ストレスを発散して置いていくんです。

　お寺というのは置いていくところです、悩みとか、不平不満などを置いて行ってください。そして、皆さん、けっこうイロイロ持ってそうな感じがしますね、特に（親指と人さし指を丸くして）、こういうのも置いていってください。すぐ坊さんはお布施の話になりますが（笑）。でも、向こうには持っていけませんからね。置いて行ってくださいね（笑）。

3　救いとは

　ところで、宗教は、必ず「救い」を説きます。救いとは何なのか。難しい問題ですが、私はいつも簡単に言います。皆さんはいろんな重い荷物を背負って歩いています。この荷物を重いからちょっと置くんです。ああ、疲れたと「よいしょ」と。すると、急に楽になる。この、荷

物を下ろすと、肩の荷が下りる、軽くなる。それが救いです。みんな重い荷物を背負って人生の山道谷道を歩いています。徳川家康の遺訓と言われている「人は重き荷物を負うて遠き道をゆくがごとし」のように、人生というのは、イロイロな重い荷物を背負って山道谷道を歩いているのです。だから、辛いんです。もう重くて重くて。だから、それをちょっと下ろす。これは荷物がいろいろありすぎるから、ほかの人に少し渡すと軽くなる。肩の荷が下りた。気持ちが少し楽になった。これが救いです。というように、皆さんもいっぱい持っていそうですから、ここに置いていってください。そうすると楽になります。そういうのを「喜捨」っていうんです。喜んで捨てる。これ、欲望もそうなんですよ。

今日のテーマはすごい。悟りとは何かです。この数時間の私のお話で、悟りを開けるんでしょうか？　悟りとは何かが分かれば、皆さんも悟りを開くことができます。しかし、ここで大きな問題があるんです。この話している浄友さんが悟りを開いているかどうかという問題です。悟りを開いている人が、「悟りとはこういうことであります」と言えば、おお、そうかそうかとなりますが、とても悟りを開いているという感じはしない。はっきり言って、私は悟りを開いていません。じゃあ、何で悟りとは何かなんて言えるんだよ？　とね。これ、今日の一番大事な話ですよ。

でも、私は高校の社会科の教師をしていました。高校の『倫理』の教科書に、仏教とは何か、悟りとは何か、そういうテーマが出てくるんです。高校生の教科書です。その教師ですから、解説はできるんです。自分が悟ってなくても、教科書には書いてあります。それとか、お釈迦さまは悟りを開いたんです、空海さんも悟りを開いたんじゃないですかとか、空海さんはこう言っています、などと。私の場合だと、親鸞さんはこう言っていますよとか。先輩は、偉いお坊さんはこう言っていますよということは言ってもいいじゃないですか、自分は悟りを開いてなくても……（笑）。

悟りの世界を涅槃《ねはん》といいます。煩悩の火を吹き消した状態、世界を言います。ここに至るのが仏教の目的であり、そういう状態の人を仏さまというのです。つまり、悟りというのは、いろんな煩悩を捨てることです。簡単に言うと「欲望がない状態」これが悟りです。だから、皆さんお金お金とか、腹減った腹減ったとか。これ、欲望ですからね。でも、欲望を捨てたら死んじゃいます。だって、お腹が空《す》かないとか、暑い時に喉が渇かないとか、これ、危ないです、いのちが（笑）。だから喉が渇かないと、水分補給しないと、熱中症で倒れたりします。だから、喉が渇くのは生きていくための本能、欲望です。体の生理的な現象で、生物としての本能です。でも、これも煩悩です。そういうのがなかったら死んじゃいます。だから、欲望、煩悩を否定するわけにもいかない。そして他にもいろいろな「欲」があります。例えば、有名になりたいとか、お金持ちになりたいとか、こういうのも欲望です。だから、まずは手ごろな欲望から捨てていきましょうよと。飲んだり食べたり、眠いとかは、人間的な動物的な欲望は捨てられないですから。でも、お金とかは捨てられるんですよ、その気になれば。棺おけの中には持っていけないんです、皆さん。執着を捨てましょう、喜んで捨てて、置いて行ってください。喜捨です。自分の悟りのためです（笑）。

ところで、この間大金持ちが突然、死んじゃったんです。それも突然。持っていけないですよ、残していったのです、いっぱい（笑）。どうなったと思いますか？　案の定、相続争いで大変なことになったんです。よくある話です。遠い親戚まで出てきて、私も私もと。兄弟喧嘩なんか大変ですよ。これ、実話ですよ。ところで、この大金持ち、何で死んだんでしょうか？ 突然に。これ、クイズです。突然だから脳卒中じゃないかとか、心臓病じゃないかとか。確かに心臓がとまれば、突然死ぬんです。が、この人は違います。じゃあ、交通事故？ いや、交通事故でもないんです。何だと思います？ この人の死んだ理由、死因。答えは……「イサン（遺産）過多」（笑）。イサン過多でこの人は亡くなった（笑）。ですから皆さんの子孫のためにも、置いていってください（笑）。

　要するに、お寺にはいろんなものを置いていくのです。お金だけじゃなくて。辛い、悲しい、苦しい、嫁とうまくいかないとか。人間には四つの悩み苦しみがあるといわれます。①病気など身体の悩み。②金銭などの経済的悩み。③将来の、未来への不安、悩み。④他人との人間関係、の四つです。そしてなかでも人間関係が一番大きい悩みです。子どもたちのいじめも、職場でうまくいかない、夫婦でうまくいかない、親子でうまくいかない、嫁姑でうまくいかないとかね。人間関係というのは相手がありますから、大きな問題です。だから、それをお寺に来て住職さんに話すのです、置いていくのです。「住職さん、嫁にこんなことを言われた。もう、どうしたもんだろうか、憎ったらしい」とか言ってね。すると住職さんが「あの綺麗な顔した嫁さんが、そんなことを言うのか、分かった。今度行ったときにガンと言ってやるから」と。するると、「えっ？　いや、そんなに悪くはない……」（笑）というふうに、自分の中で思っているときには、もう嫁憎ったらしいとか思っているのに、住職さんやお寺の奥さんにしゃべると、そんなには悪くないんです、私もちょっと悪かったんですとかね……（笑）。お寺でそういうふうに言うと、ちょっと気が楽になるんです。私も悪かったなんてね。実は、そういうのが悟りなんですよ。

悟りというのは、自分の心が見えてくることです。これも今日の答えの一つですが、悟りというのは、立心偏《りっしんべん》に吾《われ》です。という心が吾ですが。実は、みんな心が外を向いているんです。嫁が悪い、世の中が悪い、政治が悪いなどと。しかし、政治が悪いというのは現実、事実でしょう（笑）。今はろくな政治家いないですね。昔は「井戸塀政治家」といって、政治をやっていても、儲からなくて財産なくして、井戸と塀しか残らない。今みたいに、政治家になると儲かるなんておかしい。昔は「人さまのため、人さまのため」ってやっていましたから。そういう政治家はなかなかいない。しかし、政治家を選んだ人も悪いのです。だから、政治家が悪いというけれど、選んだ人が悪いのです。つまり、我々、自分たちが悪い。というように、悟りというのは心が吾。政治が悪いとか嫁が悪いとか、亭主が悪いとか世の中だとか、そういうふうに言っているから駄目なんです。悟りというのは、外ではなく、矢印が中を向くのです。立心偏に吾ですから、自分の心が見えてこなくては駄目なのです。

4　しあわせとは？

しあわせというのは、実は、「幸《さち》」という字ではないのです。しあわせというのは、本当は「仕合わせ」と、書きます。出会いのことなのです。「幸」は海の幸、山の幸といって、何かがもうかった、得た状態です。マグロが取れて、一億円で売れたとか、山に行ってマツタケがいっぱい取れたとか。儲かると幸だと思うのです。これ高度経済成長期の価値観、そういう頭、考え方になっているからです。損か得か、そういうふうに私たちは損得計算でしか、しあわせを判断できなくなってしまっている。

後ほど、「宗教」のところでお話ししますが、私たち日本人は、池田勇人内閣の「所得倍増計画」高度経済成長期の価値観で頭が固まっている。ゼロからの敗戦後、物質的豊かさを享受した。皆で頑張り、高度経済成長が達成できたわけです。と、やっぱりお上《かみ》の言うことには従った方がいいんだという日本人は多いわけです。ですが、大事なことも置いてきちゃった。なんでもお金や数字、見えるもので判断する癖がついちゃった。だからしあわせというと海の幸、山の幸、儲かるものだと思ってしまうのです。

もちろん、幸せというのは、豊かさもあります。しかし、岩波書店の『広辞苑』を引いていただくと、このしあわせは三番目で、「幸とも書く」と出ています。一番目は、「めぐりあわせ、機会」です。つまり、元々のしあわせの意味は「出会い」なんです。何に出会うか。経済的、物質的豊かさの価値観だけに出会うのか？　ここにいらっしゃる皆さんは、もう一つの物差しとして仏教との出会いを持っていらっしゃる。それは「仏さまの教え」との出会いです。目には見えない、心の価値観、仏さまの見方をご存じでいらっしゃる。そういう「もう一つの物差し」を持っていないと、実は世界には通用しないんです。

例えば、アメリカの宇宙飛行士たちは皆、科学者です。もちろん、日本の宇宙飛行士も科学者、理科系です（笑）。そこでアメリカの宇宙飛行士に質問をするんです。「人類の祖先はアダムとイブですか？　それともサルですか？」。そうすると彼らは「私は科学者ですから当然進化論です。したがって人類の祖先はサルです」と。「しかし、私はクリスチャンだから人類の祖先はアダムとイブだと思っております」と、こういったように使い分けているんです。自分にとっては宗教が大切で、宗教というのは支えのことで、自分を支えている中心としている生

き方、ベース、根底にそういうものをちゃんとアメリカ人は持っています。

西洋のアダムとイブという考え方、これは「運命」の考え方です。ちょっとひと言、言っておきますが、仏教では「運命」を説きません。よく若い方が亡くなって、「うちの主人は運命だったんでしょうか」と質問を受けます。真面目なご主人が四十代で亡くなった、運命だったんでしょうか？　と聞かれますが、仏教の考え方に運命はありません。運命というのは、キリスト教の考え方で、神さまの決めた運命なのでしょう。

仏教には、仏さまが決めた運命という考えはありません。仏教の考え方はすべて「ご縁」です。ですから、運命は変えられるというのが仏教の考え方です。なぜなら仏教は「因縁生起」といって縁起説であります。ご縁がすべてであります。原因があって縁があって生まれ起こる。ご縁で早死にするのです。大体私がおつとめした方の四十代で亡くなっているサラリーマンの早死にの方は、ストレスが原因だと思います。皆さん、真面目な方でした。だからたまには会社が終わってから友達や同僚と、一杯飲んで「部長のばかやろう」とか「こんな会社辞めてやる」とか言って、赤提灯で一杯飲んでストレスを発散してから家に帰るほうがいいんです。次の日会社行くとまた部長がいますから「部長、おはようございます。きょうも頑張ります」なんて言って（笑）。そうやってストレスを発散して、置いていかなきゃいけないんです。でも大体四十代でがんで亡くなるサラリーマンの方は真面目な方で、たばこも吸わないお酒もあまり飲まない、そういう方はやっぱりストレスためちゃうんです。

だから運命じゃなくて、ご縁です。ご縁というのは条件、環境ですから、自分でそういうものを作っちゃいけないのです。人間の死亡率は一〇〇％。ほっとけばいずれみんな死ぬのです。でも早めちゃいけない。死が早まるのは、早く死ぬ縁、条件を作るからです。例えば、たばこ。これやはり良くないです、やっぱり。ただね、ストレス発散になるから、たばこは長生きの薬だって言う先生も中にはいるんです。ストレス物質と比べたら、たばこで肺がんになる率よりストレスの方がリスクは高い、たばこを吸っている方がいいんだというお医者さんもいる。いろんな考え方がありますが、ストレスはいけない。

「運命は変えられる」のです。大日如来、加持祈禱とかいろいろありますね。仏教の考え方、そこでいろんないのちと大日如来の世界との一体感を、生命的なエネルギーを発散して吸収して、いのちを燃やして輝いていくということじゃないかと私は思います。仏の世界に近づくというのはそういう自分の運命、ご縁を変えていくことなのです。ただ薬師如来を拝めば、薬みたいな如来さまだから病気が治るかってそういうものでもないような気がしますが、でも「病いは気から」ですからね。やはり病気に負けちゃいけない。病気と仲良くしていくことが大事で、いずれ死ぬのですから。そしたらやっぱりストレスを発散して置いていく、これ健康法です、歌を歌うとか、笑うとか。

仏教では運命は説きません。しあわせって、出会いです。そういう仏さまの世界に出会っている方はしあわせなのです。


ここで、休憩時間も兼ねて、ピアノの弾き語りをします。二曲歌います。曲は、中島みゆきの『糸』とさだまさしの『いのちの理由』です。私の歌は大したことないですが、曲自体は素晴らしいです。

『糸』は中島みゆきの作詞作曲。次の法話のテーマ、宗教とは何かということと関係している歌です。縦の糸、横の糸。縦の糸は、お経の経。横の糸は緯といいます。あわせて経緯。地球儀をたて糸で切ると東経何度、西経何度といいます。ここ、鳴門は東経一三四度三十六分、北緯三十四度十分です、調べてきました（笑）。実はこの曲はラブソングなんです。結婚式で歌われます。

そして、さだまさしさんが作った『いのちの理由』。こちらも、皆さんと一緒に歌いたいと思います。私たちが、生まれてきたわけは何でしょう？　人それぞれ、答えは違うでしょう。それを考えるのも「宗教」です。歌をきっかけに考えていただけたら、ありがたいです。

『糸』（作詞・作曲中島みゆき）

なぜ　めぐり逢うのかを　私たちは　なにも知らない
いつ　めぐり逢うのかを　私たちは　いつも知らない
どこにいたの　生きてきたの　遠い空の下　ふたつの物語

縦の糸はあなた　横の糸は私
織りなす布は　いつか誰かを
暖めうるかもしれない

なぜ　生きてゆくのかを　迷った日の跡の　ささくれ
夢追いかけ走って　ころんだ日の跡の　ささくれ
こんな糸が　なんになるの　心許なくて　ふるえてた風の中

縦の糸はあなた　横の糸は私
織りなす布は　いつか誰かの
傷をかばうかもしれない

縦の糸はあなた　横の糸は私
逢うべき糸に　出逢えることを
人は　仕合わせと呼びます

『いのちの理由』（作詞・作曲さだまさし）

私が生まれてきた訳は　父と母とに出会うため
私が生まれてきた訳は　きょうだいたちに出会うため
私が生まれてきた訳は　友達みんなに出会うため
私が生まれてきた訳は　愛しいあなたに出会うため

春来れば　花自ずから咲くように
秋来れば　葉は自ずから散るように
しあわせになるために　誰もが生まれてきたんだよ
悲しみの花の後からは　喜びの実が実るように

私が生まれてきた訳は　何処かの誰かを傷つけて
私が生まれてきた訳は　何処かの誰かに傷ついて

私が生まれてきた訳は　何処かの誰かに救われて
私が生まれてきた訳は　何処かの誰かを救うため

夜が来て　闇自ずから染みるよう
朝が来て　光自ずから照らすよう
しあわせになるために　誰もが生まれてきたんだよ
悲しみの海の向こうから喜びが満ちて来るように

私が生まれてきた訳は　愛しいあなたに出会うため
私が生まれてきた訳は　愛しいあなたを護るため

二、宗教教育の必要性

1　宗教とは、宗道である

宗教とは何かを考えてみましょう。仏教というのは宗教ですから、これから皆さんと、仏教の悟りを開く前に（笑）、宗教とは何かを考えてみましょう。

読売新聞が十年に一度、宗教の世論調査をやっています。七十二％の人たちが無宗教と答えます。これは、宗教とは何かを知らない、習ってないから「無宗教」と答えるのです。だから、「あなたは宗教を持っていますか」と言われても、「そんなもん持ってねえ」と、七割の人が言うのです。そのくせ、初詣は七十三％の人が行くのです。墓参りも七十八％の人が行きます。これは、矛盾です。つまり、墓参りとか初詣とか、そういうのは宗教だと思ってないわけです。それか、家の宗教で、自分自身の宗教じゃない、というように、日本人は、無宗教と答える。そもそも宗教とは何かというお話をしないと、仏教とは何か、悟りとは何かという話に進めないわけです。

さて、先ほどの『糸』という曲ですが、布というのは、縦の糸と横の糸でできています。そして、縦糸は目には見えません。縦糸は隠れていて、模様は横糸でできているのです。この隠れた縦糸が大事であります。織物をする人は、ガチャガチャと整経して、つまり縦糸を整えるのです。それで布ができていく。縦糸はピンとしてないと布はできないのです。「たて糸はあなた、よこ糸は私♪」二人でこれから布を編んでいきましょう。その布が人を温めたり、そういう布にどんな模様ができるでしょうか。だからこれはラブソングなのであります。実は、このたて糸というのが「経」なんです。東経何度の経（けい）、お経の経（きょう）です。

　私が首にかけているのは輪袈裟（わげさ）、着ているのは衣（ころも）です。「坊主憎けりゃ袈裟まで憎い」っていうのはこれを指します。お袈裟はかわいそうですね、関係ないのに憎まれる（笑）。それから、法事などのときに、腹巻みたいなお袈裟をつけます。五条袈裟っていうのです。お葬式とか大きな法要のときには、こんな毛布みたいなひざ下まである七条《しちじょう》袈裟を着《つ》ける。夏は暑くてしょうがないんですが（笑）。このお袈裟が大きいから、大袈裟《おおげさ》といいます。住職さんたちが大事な法要のときにつけるお袈裟です。

　この大きな七条袈裟を着けるときに、我々はそれを修多羅（しゅたら）というロープみたいな太い紐を使います。この修多羅の語源が「スートラ」で、たて糸のことで「お経」なんです。だから、よく「今までの経緯を述べよ」とか問うのは、あなたのたて糸、つまり、あなたが大切にしてきた、貫いているものは何ですか。そして、横糸に出会って布ができた。その経緯を述べよというのはそういうことですよ。今までの流れ、あなたが中心としてきたたて糸と横色の模様を尋ねているわけです。

「宗教とは何か」という話をしています。宗教の「宗」は、宗（むね）ですね。宗男さんって人がいましたね。その宗（むね）。宗って何なのか。身体の胸、家を建てるとき棟上（むねあげ）をするというときの棟、主旨を述べよというのも旨（むね）。これ全部ムネです。「ムネ」というのは中心ということです。いわば、お経の経のことです。たて糸です。

そして、宗教の「教」は何かといったら、昔から、これは「道（みち）」だったのです。明治になって religion（レリジョン）という英語が入ってきたときに、「宗道」と訳すべきだったのです。「宗教」なんて訳すからいけない。たとえば、仏教は仏道です。神社は神道です。それから、柔道、剣道、武士道、茶道、華道。芸の道の芸道もあるでしょう。ぜんぶ道だったのです。道とは何か。道とは、生き方のことです。

ところで、欧米人の人間観は、「人間とは宗教的動物である」というものです。人間も動物ですから、喉がかわいたり、お腹がすいたり。そういう本能的な欲望がある。動物というのは欲望、生への本能があるから生きていられる。子孫を残すこともできる。欲望本能は大事なのです。動物は宗教を持っていません。必要がないのです。

しかし、人間は、宗教を持っているんです。欧米人は、「宗教を持った動物が人間だ」と考えるのです。ところが日本人に、「あなたの宗教は」と聞くと、「わたしは無宗教です」と答える。簡単な引き算です。人間マイナス宗教、イコール、残りは「動物」です。この日本人は宗教を持ってないのか、動物か。欧米人はみんなそう思ったのです。思ったんですが、日本人を観察すると、非常に道徳的で礼儀正しい。じゃあ、この日本人のたて糸、中心としているもの、生き方は何なのだろうと考えました。欧米の人たちの生き方の中心は、神です。アラーの神、エホバの神、ゴッドなどなど、いろんな言い方がありますが、言い方、言語が違うだけで、それらは皆、同じ神。唯一絶対の神さまが中心であります。だからクリスチャンは、週に一度は必ず教会に行かなくてはいけないのです。行かないと動物になってしまうからです（笑）。

ところが、真面目で優秀な企業戦士の日本人は、誰もが自分は無宗教だという。しかし、その日本人が儀礼としての葬式法事を大切にしていて、家の宗教として、仏式で執り行う。千年も続く旧仏教といわれる昔からの仏教宗派を家の宗教宗派として、日本人は「家は○○宗」ですと答える。しかし、「あなた自身の宗教は？」と聞かれると、「ない、無宗教」と答える。すると、欧米人はびっくりするわけです。日本人は何を中心に生きているのだ？　見ていたら分かったのです。「ああ、（親指と人指し指を丸くして）これだ。会社か」日本人は優秀な企業戦士ですから。でも、会社中心の生き方って何か。結局、お金だったのです。そこで、イギリス人がこれを、エコノミックアニマルと言ったといわれています。当初のイギリス人のエコノミックアニマルには、蔑称よりも敬意が含まれていたとも言われていますが（笑）。日本人を指すエコノミックアニマルという言葉は、ここからきているのです。

日本人はウサギ小屋に住んで、夏休みも短い。向こうは夏休みなんていったら二週間も三週間も一カ月も、休暇を取り、遊びに行きますから。自分が大事、家族が大事、休みが大事なのです。ところが、日本人は、お盆の頃一週間ぐらい休むだけ。企業戦士で社内の出世争いも厳しい。「会社会社、仕事仕事」って。何でそんな会社と仕事が大事なのだろうと思ったら、お金だった。エコノミックアニマルと、日本人が欧米人からばかにされたのは、ここに理由があるのです。欧米に出かけて行った優秀な日本人が無宗教と言ってしまったからです。

だけど本当は違うのです。日本人は「宗教」を知らないだけ、教わってないのです。だから、宗教でなく宗道と翻訳されて、「あなたの宗道は？」って聞かれたら、「私は学生時代『剣道』をやっておりました、私の精神や生き方、信条を統一しているのは、剣道の精神です」とか、「私は武士道精神で生きております」とか、「柔道」をやっておりましたとか。いくらでも日本人は「道」を言えるんです。しかし、「宗教は?」なんて聞かれても、宗教とは何かを教わっていませんから、そもそも、宗教を知らない、答えは「無宗教」となるのです。あなたの中心としている生き方は何か。中心の道「宗道」。これこそが宗教なんです。

2　お天道さまは見ている

私は高校の社会科の教師でした。「倫理（社会）」という科目の担当でした。「宗教とは」なども授業で教えていました。そして、いわゆる宗教教育は公立学校では禁止されています。これはなぜかというと、日本が軍国主義で、天皇陛下を神さまにして神さまのために死んでいくという教育をしてしまったからです。ですから宗教教育はいけないということになっているのですが、そもそも明治になるまで、日本人は宗教という言葉を知りませんでした。これはreligion（レリジョン）という英語が日本語訳されたときからです。英語というのは明治になるまでは日本には来てなかった。オランダ語とかは入って来ていましたが、英語は入って来てない。でも明治維新以降、福沢諭吉だったりいろんな人たちがアメリカやヨーロッパに留学に行って帰って来た。「どうも蘭学とかのオランダ語ではないぞ、世界は英語が中心だぞ」とい

うことで、英語の言葉がいっぱい入って来ました。
そしてレリジョンという英語が、通商条約などでも使われていて、これを「宗教」と、訳してしまったのです。それまで宗教という言葉は日本にはなかった。「宗派の教え」とか「宗旨の教え」という意味での宗教という言葉はあったと言われておりますが、宗教全体って言いますか、今で言う宗教という意味の言葉は明治になるまではなかったのです。ですから日本人は「あなたの宗教は」と聞かれたときに、「何を指して言っているんだか分からない」というのが答えなんです。
だから「宗道」と訳すべきだったのです。もし私が明治時代に生まれていて翻訳を頼まれたらレリジョンを「宗道」と訳しましたね。そうすれば、この言葉が日本人に行き渡ったはずであります。

宗教と訳してしまったがために、なんだかよく分からないまま現代に至っているのです。

ところで、昔は、「お天道《てんと》さまは見ている」と子供たちに教育していました。天の道と書いてお天道さまですね。「お」と「さま」をつけています。今日の大切なお話です。「お」と「さま」をつけているものはいっぱいあります。目に見えませんから、ご先祖さまとか、み仏さまとか、見えなくて「陰」なんですよ。ですから、おかげさま。日本人はそういうものをしっかりと日常生活の中で、当たり前のように信仰して生きていたのです。「お天道さまは見ているよ」「ご先祖さまに顔向けできないようなことをしちゃいかんよ」と。いろいろな助け合いや支え合いの中で、「おかげさまで」というのは普通の生き方だった。宗教でもなんでもない、そんなことは当たり前のこととして先祖代々身についていた。そこに突然「あなたの宗教は何って」聞かれても、答えようがなかった。そして、家は真言宗ですと言っても、確かに日本人って大ざっぱで、南無大師遍照金剛って真言（宝号）を唱えているかというとそうでもない。例えば「うちは禅宗です、曹洞宗、臨済宗です」と言っても「座禅組んだことありますか」って聞いたら、「いや私ひざと腰が悪いんで座禅はちょっと」なんてね。だから具体的にそういう何かをしているか、修行をしているかというと、そこまではなかなかいっていなかったりするのです。いわゆる「先祖供養」中心であることが多い。

そこで、お坊さんたちお寺さんたちは、こうやってみんなで力を合わせて鳴門市仏教会としてもっと仏教を皆さんに知ってもらおうということで、こういう講習会や勉強会を開いているわけですね。そうするとほとんど皆さんは、仏教は今まで先祖供養だと思っていたと。いや、病気平癒や商売繁盛の祈願で、薬師如来さまを拝めば病気が治るんじゃないか、とか商売繁盛を祈願する。こうなってくると自分の欲望を拝んでることになるのです。そうでしょう。商売繁盛とかって。実はさき程からお話ししているように、仏教の教え、お寺というのは、安心の人生のためにいろいろなものを置いていくところです（笑）。いつの間に仏教は先祖供養とか、そういうふうになってしまったのか。

日本人の価値観が変わったのですね。これが昭和三十六年頃からなのです。私も土日は法事のおつとめをします。そのときに小さい子がいたときに「おじいちゃんは成仏したんだよ」。法事のときの法話です。浄土真宗ですから「どういう仏さまになったかというと阿弥陀さまになったんだよ」って、こうやってお話しするのです。だから南無阿弥陀仏と言うんだよと、子どもたちに語りかける。そして、阿弥陀さまっていうのはインドの言葉で「アミターバ」「アミターユス」という光といのち（寿）の仏さまっていう意味なんだよと。大人だって「仏さま」や「成仏」と言っても分からないです。で、子どもに分かるように、つまり「おじいちゃんは光の仏さまになったんだよ」。何々ちゃんが寝てるときは、おじいちゃんはお星さまになったり、お月さまだったり光の仏さまとして、何々ちゃんのことを見守っててくれるんだよと。この話をするとたまに子どもが「ママがそう言ってました」とかって言います。ちっちゃい子にとっておじいちゃん死んでお骨になっちゃったとか、お墓の中に入っちゃったとか、これ恐ろしい事です。死後の世界の話です。そのときにお母さんが「おじいちゃんはお星さまになったんだよ」と、これよくある話なんです。ところがそれを言った親本人は「子どもだましだな」と思っていませんか？　住職さんからお星さまになったってのは聞いたことないよなと。子どもだましだな。ディズニーの「ピノキオ」という映画で『星に願いを』なんて素晴らしいきれいな歌があったり、「流れ星のときにお願い事をすると願い事が叶う」だなんていってメルヘンチックな話はありますけど、おじいちゃんがお星さまになったのは住職さんから聞いたことないなと。でも、当たってるんです。光の仏さまですから。ＮＨＫの朝ドラ「おひさま」（二〇一一年）を思い出します。安曇野を舞台にした物語でしたが、主人公の陽子（井上真央）は、つらい時や悲しい時に亡き母（＝おひさま）を見上げて、いつも見守ってくれているんだと、困難を乗り越えてゆく姿が印象的なドラマでした。

それこそ大日如来、南無大師遍照金剛。南無大師空海さま。「遍照金剛」あまねく照らすダイヤモンドのような輝くお大師さまに、そして大日如来さま。大日ですよ。大きいお日さまみたいな宇宙をあまねく照らす、そういう大日如来さま。これ光の仏さまです。ですから亡くなって成仏すると仏さまになるということは「光の仏さまになる」で当たっています。これちゃんと真言宗のお坊さんにも確認している話です。私は浄土真宗ですから阿弥陀さまは、光の仏さまです。するとどうなるのか。「昼間はお天道さまになって何々ちゃんの学校行ってるときや幼稚園へ行ってるときも、おじいちゃんは見守っててくれるんだよ」って。そこで「お天道さまって知ってる？」って聞くわけですが、今の子供たちは、誰も知りません。今まで私この二十年間に、小学校や幼稚園で子どもたちに、お話ししたこともありますから合計四百～五百人とか……、でも、「お天道さま」は誰も知らない。つまりお父さんお母さん、そしておじいちゃんおばあちゃんがお孫さんに「お天道さまは見ているよ」という教育をしてないのです。われわれの世代はお天道さまが見てるとかご先祖さまに顔向けできないようなことをしちゃいかんというのは教わっているのですが、今の子どもたちはお天道さまって知りません。聞いたことない。で、一人だけ「知ってる」と手を上げた子がいたんですよ。「偉いね。で、どういうの？」って聞いたら「夏休みに使います。キャンプのときに……、テント」これ本当の話ですよ（笑）。たとえば、教室で誰も見ていないからゴミをポイと捨てる。すると、おじいちゃんが見ているから悲しむよ！　逆に、ゴミが落ちていた。先生も誰も見ていないけど、ちゃんとゴミ箱へ入れた。しかし、誰も褒めてくれない……じゃないんだよ。おじいちゃんが見ていて「いい子だね」って、褒めてくれているんだよって、法事の場面でお話しします。大人だって「私は孤独だ、誰も私を分かってくれない」などと感じることもあります。しかし、見ていてくださるのです。「一人じゃないよ。私がついているよ。見守っているよ」と。

というように、今こういう教育がない。必要なのです。お天道さまは見ているという教育が、今、必要なのです。

3　所得倍増計画から「もう一つの物差し」へ

「お天道さまが見ている」これが大切なテーマですが、なぜ、そういう教育、価値観がなくなってしまったのか。それは昭和三十六年の一月一日からなのです。それは何か。池田勇人内閣で総理大臣が「所得倍増計画」というのを発表しました。日本人の給料を、所得を倍にすると、十年で。これ昭和三十六年一月一日に発表しました。十年計画です。これが六〜七年で倍増になりましたが。そのためにはどうするのか。日本は農業国である。農業では倍増できない。

工業国にすると。農業人口を一割にして残りの九割を工業に振り分ける。製品を作る。車、電器製品そういう物を作って、国内だけではそんなに儲からない。外国に売ってそして所得を倍増すると。倍増です。考えてください。

今から五十年以上も前ですが、このころ三種の神器といって、三Cと言ってたんです。カー、クーラーそれからカラーテレビの頭文字のCです。当時、車は、一般家庭になかったのです。今どうですか？　一家に二台とか家族によっては三台とか車あります。それから、クーラー（エアコン）は各部屋に一台ずつありますね。今から五十年前は車もない、クーラーもない、テレビもない。テレビはなかったです。昭和三十四年ですか、今の天皇が結婚したのは。このころやっとテレビが普及して、街頭テレビとかいってみんなで、街角で見てたんです、外で立って。それとか、誰かの家でテレビを買ったりするとみんなでそのうちに行って見てた。テレビなんかなかったんです。

そういう時代から高度経済成長を経て日本は一気に変貌を遂げました。経済大国になりました。確かに豊かな国になりました。便利な国になりました。私はそれを否定してるのではありません。よかったなと思っております。しかし、大事なものを忘れてしまったんです。物質的な豊かさや便利さの享受で、一億総中流時代というようになった。車はある、クーラーはある、

カラーテレビはある。中流です。便利で快適でいい生活をしているわけです。いい時代が来た。豊かな時代が来たと。しかし、心の豊かさを忘れてしまったんです。これが「もう一つの物差し」という価値観。わたしたちは物事をお金や数字でしか判断できない。そんな時代になってしまったんです。本当は「心の豊かさ」や「お天道さまは見ている」「ご先祖さまに顔向けできないようなことをしちゃいかん」という考え方、価値観を私たちはもともと持っていた。「お元気ですか?」って言われたら「おかげさまで」と、普通に答えていた。そういう感謝、そういう生き方をしていたにも関わらず、お金でしか判断できなくなってしまった。

で、どうしたらいいのかというと、それはやはり教育です。有名なお話ですが、小学校三年生の理科の試験で、「氷が解けると□になる」との問題が出ました。答えは氷が解けると「水」になる、です。この答えをある女の子が「春」になると書いたんです。私はこの話をもう何十回ってぃろんなところでお話ししてるんですが、このお話をするたびに心がなんかポッと温かくなる。氷が解けると春になる。これを理科のテストに書いてしまった。水になると書くところを春になると書いた。そして、この答案用紙をうちに持って帰った。お母さんは何と言ったか。「あなた理科の試験にこんな答え書いて、ふざけてるの。あんた真面目に答えてるの」と、怒りました。「お父さんもなんか言ってください。お酒ばっかり飲んでないで」とか言って、家でこういう話になりました。すると「いいんじゃないか」と、お父さんが言い出した。そしてウィスキーだか焼酎の水割りかなんかを飲んでいたんですね。「そうだな、お父さんだったら氷が解けると『薄く』なると答えるかな。おかわり！」とかね。これ笑うところですが（笑）。こんな夫婦はなかなかいないんです。だいたいお父さんも「お前何やってんだ。真面目にやれ！」とか言うのが普通です。ひどい場合にはお母さんが「あなた、こんな答えばかり書いていると、お父さんみたいになっちゃうわよ。お父さんは高校しか卒業してなくて学歴がないから、会社でも出世できなくて苦労してるのよ」と……。こんな考え方では駄目、勉強勉強、学歴学歴と。これが高度経済成長期の教育でした。

こういう教育では駄目なのです。そこで、皆さん、おじいちゃんおばあちゃんの出番です。仏さまの教えを聞いていらっしゃる皆さんの出番なのです。そこでお孫さんを呼ぶのです。「ちょっとおいで」と。「おばあちゃん、さっきの話聞いて感動したわ。氷が解けて春になるなんて素晴らしい答えよ。ママには内緒よ」と、あめ玉とかちょっとあげちゃう。いや、お小遣いをパッとあげちゃうんです。と、その子どもはおばあちゃんが褒めてくれた！　そこで、おばあちゃんが言うのです。「あなたは理科系は駄目だわね、算数とか理科とか不得意。だけどあなたは小さいころから本を読むのは好きだし、詩人になれるわよ」って。人それぞれいい部分と駄目な部分、得意、不得意があるわけです。教育というのは、それぞれの子のいいところを伸ばしてあげるのが重要であります。ところがお父さんとお母さんは点数さえ取ればいいと思ってますから。こういう教育がいけないんです。

どうしたらいいのか。まさに、おじいちゃんおばあちゃんの出番であります。どうしてか。「親と子は同年齢」って言うのです。子どもが生まれて、初めて親になれるのです。子どもがいなかったら親にはなれないのです。養子を取るとかなら別ですけど。子どもが生まれなかったら親にはなれないのです。つまり親と子は同年齢。だから子どもが五歳だったら親も五歳なのです。親は、偉そうにそうやって教育してますが駄目です。親と子はライバルです。だからお父さんみたいになっちゃうわよなんて。お父さんを乗り越えなさい、みたいなライバル関係なのです。

そこで、おじいさんおばあさんの、皆さんの出番です。人生の達人である皆さんの出番であります。仏さまのお話を聞いている皆さんの出番なのです。人生何が大切なのか。お金も大切、学歴も大切、だけれども、「優しさ、そういうのがあなたの良さよ！」と。今日は歌いませんけどSMAP（スマップ）の『世界に一つだけの花』っていう素晴らしい歌があります。もう十年くらい前の歌です。ナンバーワンでなくてもいい、一人ずつが輝いて咲くオンリーワンという歌です。「ナンバーワンになれなくてもいい、もともと特別なオンリーワン♪」というあの素晴らしい歌。こういう教育が今必要なんです。いろんな才能というものがどこで芽を出すか分からない。その人だけの良さが出てくる。一番じゃなくたっていいのです。その人の良さが出てくればいい。これが教育ですよ。ちなみに、この曲を作った槇原敬之は、覚醒剤の使用で逮捕され、仏教に出会ったといわれています。『仏説阿弥陀経』の「青色青光、黄色黄光、赤色赤光、白色白光」と、極楽浄土の蓮華がそれぞれさまざまな色で咲いて輝いているというお経に基づいているとも言われています。

そして、これもよくある話ですが、四文字熟語の小学校の国語の試験です。□に漢字を入れなさいという四文字熟語の問題。「□肉□食」。これ、答えは「弱肉強食」です。これは自然界のおきてであります。動物の世界の話であります。でも、自然界も実は、食物連鎖であり、共存共栄であります。百獣の王ライオンも草食動物を食べますが、フンや自らの遺体が大地の栄養分になり、草が生えて草食動物のエサになります。そして、草食動物をライオンが必要な分だけ食べます。満腹なら、襲いません。また、強い動物が、弱い動物のグループを襲うのは、間引きや、中でも弱い者だけが食われるという意味もあります。自然界は、宗教なしでも、共存共栄でバランスよく、栄えているのです。

そして、人間も動物だからと言って、高度経済成長期には「弱肉強食」を教育に持ち込んだのです。「いいか強くなれ。弱い者はやられてしまうから。弱肉強食の世の中なんだから」いわゆる「勝ち組」になれという教育です。動物の世界でなく、人間の世界にあてはめました。だから、「強くなれ」「勉強をしろ」「体を鍛えろ」とこういう観念、価値観でこれを教えたのです。ま、そういう意味では、エコノミックアニマルです。私らが小学校、中学校のころの教育は、落ちこぼれるな！　負けてはいかん！　という教育でした。しかし、これは間違っています。仏さまの前ではこういう教育はあり得ません。弱い者がいたら強い者が守ってあげなさいというのが仏さまの教育なのです。それぞれ強い子もいれば弱い子もいる。なかには障害を持っている子もいたり、いろんな子がいるんですから、それぞれの良さが光る教育が必要なのです。

それぞれの子がお互いに仲良くして助け合う教育。持ちつ持たれつという教育が必要なのです。

ところで、高校教師時代、教科書と並行して使用する補助教材の『現代社会資料』(東京書籍)に、一九二〇年インドで発見された「オオカミに育てられた『アマラとカマラ』」が出ていました。現在では、その信憑性に、多くの疑問が提示されていますが、「オオカミに育てられた少女二人」をキリスト教伝道師が保護、育成というお話がありました。人間は、教育や環境によって、オオカミに育てられれば、オオカミになってしまう可能性もあるのでしょう。教育によって、人は大きく変わるものです。したがって、「仏さまに育てられていれば、仏に成れる」という論理は、説得力があると思いますが、いかがでしょうか?

そして、近年よく言われる「勝ち組、負け組」という表現は、私は大嫌いです。そもそも、勝ち組負け組なんて、とんでもない間違いなのです。人間は、生まれた時から勝ち組なのです。なぜなら、お母さんの胎内で精子と卵子が受精したとき、精子は三億匹いたのです。その中から、たった一匹がお母さんの卵子と結合できて、いわば競争に勝った「勝ち組」なのです。そして、十月十日《とつきとおか》、お母さんのおなかの中で大事に育《はぐく》まれ、生まれてきたのです。「勝手に生みやがって」とか「好きなことをして」なんてレベルではない……「ようこそ生んでくださった」「いのちをありがとう」という、そういう教育が今、必要なのです。

4 宗教教育の重要性

あらためて、いのちの尊さの話をします。生命の誕生というのは精子と卵子の結合ですね。高校の授業でも話をしました。相手は高校生ですから大変です。エッチとか言われます。でも、社会科の先生としての性教育です。「お母さんの卵子のところに精子が行くんだよ。それはお父さんのおちんちんから出るんだぞ」なんて言ったりしたら、もう大騒ぎになりますが、これは真面目な話だと言います。で、卵子と結合する精子は一つだけで、「このときの精子はどれ位いたか知っているか?」と聞きます。保健体育とかで性教育をやっていますけど、ほとんどの生徒は知りません。精子は、はじめは三億匹いたんだ。日本は今一億人がいるけれどもその三倍の精子がバーッとお父さんのおちんちんから出てお母さんの卵子を目指してガーッと行って、途中でほとんど死んでしまう。最後に卵子のところにたどり着くのなんかはもう千匹かそれくらい。そして一番元気のいい精子がお母さんの卵子にドーンと突っ込んでみんなが生まれたんだ。高校生ぐらいだと、勝手に生みやがって、好きなことをして生みやがってとか言う子がいますが、とんでもない。「きみは生まれたくて生まれて来たんだぞ」とこう言うのです。二億九千九百九十九万九千九百九十九匹の精子は死んでいるのです。三億分の一の確率で君たちは生まれて来たんだ。生まれて来たくて生まれてきたんだ。

するといろんなこと言うんです。「こんな家に生まれたくなかった」とか「こんな顔に、こんな頭に生まれたくなかった」とか。聞いているとそれぞれに面白いですが（笑）。「よく無事に生んでくださいました」と、「ご両親に感謝すべきなんだよ。君たちはみんな生まれたときから勝ち組なんだよ」と話すわけです。これが仏さまの教え。だから「弱い者がいたら、強い者が守ってあげなさい」というのが仏さまの教えです。先ほどの四文字熟語「□肉□食」の正しい答えは、「焼肉定食」。これが答えです。ここ、笑うところです（笑）。

教育の問題っていうのはこうやって考えていっていただきたい。おじいちゃんおばあちゃんは、仏さまの教えを聞いている、それだけでこのいただいた尊いいのちをどう生きていけばいいのか、そして、どこへ行こうとしているのか。皆さんはもうこうやってお寺に来ていますから、悟りに近づいていますから、大丈夫です。問題は息子さんや娘さんです。でもお子さんたちは今もう生活大変ですから。お父さんも残業して、そしてお母さんもパートに行って二人で一生懸命働かないと車や家のローンもあるし……。だからおじいちゃんおばあちゃんの出番なのです。「おばあちゃん、孫をちょっと見てて」とか言われたら、まず、どうするのか。それには、絵本を読んでください。テレビやゲームなんか駄目。絵本はいいです。

ここで、イソップ物語の「アリとキリギリス」の話をしましょう。

夏の間歌ってばかりだったキリギリスさん、冬になってアリさんに食べる物をくださいと行くわけです。するとアリさんは「だから言っただろう。お前は夏の間遊んでばっかりいたから」と冷たい。「備えあれば憂いなし」という教訓話になります。この話でいくとアリさんは生きてられるけどキリギリスは冬を越せない。だからこれは「弱肉強食」の教育です。高度経済成長のため、所得倍増のためには「働け」「勉強をしろ」とこれが当時の教育だったのです。

次に「新イソップ物語」というのがあります。これは現代の文部科学省の今の小学生たちのイソップ物語と言われます。私たちの世代が教わったイソップ物語とは違うんです。どうなるのかというと、同じようにキリギリスはアリさんのところへ行くのです、食べ物くださいと。そうすると、アリさんは「キリギリスさん、お気の毒に」と優しい。今の文部科学省ですからね。助けてあげなさいという。だから食べ物をあげます。するとキリギリスが涙を流して「ありがとうございました。来年から働きます」って言うのです。結局、文部科学省バージョンはそういう困った人には親切にという教訓話になっちゃうのです。

さらに次は、新人類の若者が考えた「ブラックユーモア版」があります。キリギリスさんが食べる物がなくてアリさんのところに行きました。いくらノックしてもアリさんが出て来ない。おかしいなと思って裏から入ってみると、なんとアリさん、夏の働き過ぎで過労死をしていた。これは笑えないのです。申し訳ないと思いながらキリギリスは食べ物をいただいて、無事冬を越しましたと。これ新人類が考えたバージョン。これ、過去の話でなく、つい最近もありました。

最後に、新新人類版を紹介します。これはいいのです。キリギリスさんは冬になって食べる物がない。でもただもらいに行くのはなんだから、夏の間鍛えたのどでコンサートを開くことにしました。そのチケットをアリさんも買ってくれた。そして、共に冬を無事越しましたとさ……。これは仏さまのお話に通じます。共存共栄、共生の思想です。アリもキリギリスも、持ちつ持たれつ、お互いのそれぞれの良さがあるのです。だから支え合って生きていく。キリギリスが夏の間歌っていたというのも一つの仕事でしょう。

昆虫学者が働きアリを観察して面白いことを言っています。働きアリってみんな働いているように見えるけど、よく調べたら二割しか働いてない。八割ぐらいはうろうろしてるだけ。そしてなんにもしていないのまでいる。それで昆虫学者はその働いている二割だけを集めて来て、観察すると、またその中の二割だけが働いて八割は遊んで、役に立ってない。人間も同じで、似たようなところがあるのです。一生懸命働く人もいれば、サボっている人もいる。みんなが働かないとこれちょっとやんなきゃまずいなとかいって働き出す人もいれば、みんなが働いているると手を抜く人もいる（笑）。いろんな人間がいるということです。というようにアリとキリギリスの話も仏さまのお話に通じるんです。なんとなく私が言いたい仏さまの教育、分かっていただければありがたいです。

私はよく子どもたちのところへ行って『絵本・地獄』のお話をしています。これベストセラーになっています、もうこの十年くらい。今の子どもたちって、お母さんが忙しかったりするとどうするか知っていますか？　以前はゲーム機だったりしましたが、今はスマホを渡すのだそうです。あれパソコンみたいなものですから。私は持っていませんが、子どもがあれをいじっているとおとなしくなるって。駄目ですよ、そんな教育、育て方をしては。絵本を渡す。これが大事なのです。そして、この本に出てきます、地獄の場面が。これら地獄の様子は、皆さんの世代なら知っています。ところが今の子どもたちは知らない。どうなっているのか。ちょっと絵本を見てみましょう。

死出《しで》の山～三途の川～閻魔《えんま》王～かまゆで地獄～火あぶり地獄～針地獄～
無間《むげん》地獄～さいの河原～お地蔵さま……

このように、地獄というのは、恐ろしいところなんだ。閻魔さまはこんな怖い顔してにらんでいるんだ。悪いことをしたり、うそをつくと閻魔さまに裁かれるんだ。このように地獄の恐ろしい絵がずっと何ページも出てくるんです。火の池地獄、針の山地獄……。

これを子どもたちに見せると、仏教的な宗教的な教育がバッチリできます。「うそをつくと閻魔さまに舌を抜かれちゃうぞ」とかって皆さんは知っています。しかし、今の子どもたちは、知りません。大体今の親世代がそういうことを信じていませんから。「死後の世界？　お坊さん。フン、わたしは無宗教だからお葬式やらなくていい。墓もいらない。戒名もいらない。葬式もいらない」都会では葬儀社さんが今、泣いています。直葬《ちょくそう》といって、葬儀をしないで直接火葬場へ直行する。だから、棺《ひつぎ》しか売れない。火葬場というのは、ご遺体だけ搬送しても棺に入っていないと火葬はしてくれません。棺しか売れない。たまに私も呼ばれます。「火葬場の前でお経をあげてくれ」と。無宗教だけどお経のひとつもあげてもらわないと成仏できないんじゃないかという人がやっぱりいます。無宗教と言っていながら。本人もそう言ってたんです、亡くなる前に「おれ無宗教だから坊さん呼ばなくていいから」とか。でもそうは言ってもやっぱりお経のひとつもあげてもらわないと、化けて出て来たら困るわよねと。お化けというのは、成仏してないから出て来るんです（笑）。でも皆さんのご先祖は皆さん、成仏していますから出て来ません。出て来るとしたら、お星さまやお月さまやお天道さまになって……見守ってくれているのです。「うらめしや〜」なんて出て来ません（笑）。このような教育も、今必要なのです。

ここで、森山良子の『涙《なだ》そうそう』を歌います。

『涙そうそう』（作詞：森山良子　作曲：ＢＥＧＩＮ）

古いアルバムめくり　ありがとうってつぶやいた
いつもいつも胸の中　励ましてくれる人よ
晴れ渡る日も雨の日も　浮かぶあの笑顔
想い出遠くあせても

おもかげ探して　よみがえる日は　涙《なだ》そうそう
一番星に祈る　それが私のくせになり
夕暮れに見上げる空　心いっぱいあなた探す
悲しみにも喜びにも　おもうあの笑顔
あなたの場所から私が
見えたら　きっといつか　会えると信じ生きてゆく

晴れ渡る日も雨の日も　浮かぶあの笑顔
想い出遠くあせても
さみしくて恋しくて　君への想い　涙そうそう
会いたくて　会いたくて　君への想い　涙そうそう

この歌は、森山良子さんのお兄さんが亡くなって、その思いを書いた詩だそうです。死んだお兄ちゃんが見ていてくれる。一番星に祈る、それが私の癖になり……。同じように、「亡きおじいちゃんが、お星さまになって何々ちゃんのことを見ていてくれるんだよ」などと、よくある話です。「おじいちゃんは、死んでどこにいっちゃったの？」って、ちっちゃい子はストレートに聞いてきますから。「いい質問だね。お父さんお母さん、何て言ってた？」って聞くと、「お星さまになったって」「お星さまになってね、何々ちゃんのことを見守っててくれるんだよ」って。ああ、いい答えだなと思うんですが、それを言った大人は半信半疑なのです。しかし、実は当たっているんです。

「亡き人は仏さまになった、成仏した」と言いますが、どんな仏さまなのか？　さき程も言いましたが、仏さまは光で表現されます。例えば、浄土真宗でいったら阿弥陀さま。阿弥陀さまというのは、インドの言葉で「アミターバ」と言って「光の仏さま」ですから。成仏して光の仏さまになった。真言宗も大日如来って言いまして、大きな日の仏さまです。いわば太陽みたいなものです。太陽もお星さまです。だから、亡き人は仏さま、つまり、「光の仏さま、お星さまになって、何々ちゃんのことを見守っていてくれるんだよ。昼間はお天道さま、お日さまになって、二十四時間、三百六十五日、何々ちゃんのことを、ずっと『頑張れ、おじいちゃんがついているよ』って、何々ちゃんが寝ているときも、幼稚園に行っておじいちゃんのことを忘れて、『仏さまは、ホットケさまでも』（笑）。見守ってくれているんだよ」と。大切な教

育であります。

　これがまさにこちら四国のお遍路さんで言うところの「同行二人《どうぎょうににん》」ということです。同じ行く二人《ふたり》。お遍路さんの笠や、笈摺《おいずる》の胸や背中に書いてある言葉「同行二人」。意味は「弘法大師空海さんと二人連れ」ということですが、「亡きおじいちゃんが一緒に歩いてくれてるんだよ」と、解釈してもいいのです。

　先ほどもお話ししましたが、皆さんを支えて、中心としている生き方、それが宗教でありますが、「南無大師遍照金剛」「私はお大師様を信じております。お大師さまがいつも一緒に歩いてくださっていると信じています」という「同行二人」も立派な宗教、立派な仏教です。「あなたは何を信じていますか?」と聞かれたら、堂々と「お大師さまを信じております」と答えてほしい。すると、「あなたは、真言宗ですね」「はい、同行二人。お大師さまと二人連れです」これは、素晴らしい生き方、宗教です。今、世の中にそういう教育がない。「お天道さまが見ている」とか、「お大師さまと二人連れ」というように、必要なのです。宗教とは何かということは、あなたの中心とした生き方、あなたを支えているものは、何かということです。

人生の目的、自分の生き方は、「幸せになるために生きているんだ」という答えもある。これも答えの一つです。「あなたは何のために、何を支えに生きていますか?」と聞かれ、「お大師さまと二人連れ」と言ったら、もう模範的な、百点満点の答えです。しかし、高度経済成長の世の中で、多くの方は、「幸せになるためだ」と答えるでしょう。これも否定できない答えです。でも、幸せって何かとなると、難しい問題になってきます。お大師さまと二人連れ、同行二人というのは説明の余地がない。百点満点。でも、幸せになるためって言われたら、「じゃあ、幸せって何ですか」となります。

さき程も言いましたが、実は多くの人が考える「しあわせ」というのは、山の幸、海の幸というように、これは儲けたものなんです。だから、マグロ一匹が一億五千万円! なんてニュース(二〇一三年一月)がありましたが、とんでもないです、一匹、一億五千万円のマグロなんて……。せいぜい何百万でしょう。確かに「旨い、美味しい」ってみんな食べていましたけど。あの関係者は儲かったでしょうねぇ。海の幸っていうのはそういうことです。山の幸っていうのも、松茸が採れたとかです。松茸が一日でこんなに採れたら、何万円も「儲かった」と。幸《さち》というのは、得たもの、もうかったことです。もうかったら幸せだと思うようになったのが、高度経済成長期の日本人。昔は、「ボロは着てても、心は錦♪」でした（笑）。

しあわせとは、出会い、つまり、「ご縁」のことであります。つまり、しあわせは「出会い」です。あなたは、何に出会っているのか。どういう世界、どういう価値観に出会っているのか。皆さんは、こうやってお寺に通っていますから、お大師さま、仏さま、仏教に出会っているのです。出会っていない人は、お金、お金と見えるものばかりを追い求め、エコノミックアニマルになっちゃうのです。だから、どういう世界に出会っているかが大切な生き方です。「仏さまの教えは、ありがたい」「お大師さまは、ありがたい」それを、子や孫に伝えているかがテーマでもあります。

おばあちゃんやおじいちゃんは、こうやってよくお寺に来てくださっているからご理解いただけていますが、お子さんやお孫さんは、なかなかお寺に来ない。「お寺って何か暗いし」とか言って来ない。だから、私は「お寺っていうのは明るいところなんだ」って、「笑いがあるんだ」「歌もあるんだ」って、全国で意識改革しているのです。お寺って楽しいところよ。楽しくて笑えちゃうのよ。そしたら、行ってみようかってなるじゃないですか。若い人に来てもらわなきゃ駄目なのです。

仏教が説く「もう一つの物差し」が世の中に浸透したら、「そうかお金だけの世界じゃないんだ」「立身出世だけじゃないんだ」いい大学を出る、国家公務員になるとか、いい会社に入るとか、それはそれでいいのだけれど、そうじゃなくても、生き方というものは、いろいろあって、人間の生きる価値というものは、それぞれで尊いんだ。人は何のために生まれて、何のために生きているのか。それが仏教の一番大事な考え方です。

「勉強ができないと人生で苦労するわよ」「そんなことでは、お父さんみたいになっちゃうわよ」ではなくて、「お父さんは高卒で苦労したけれども、会社でも信望厚くて、出世はしないけれども、いっぱい信頼している人がいて、お父さんみたいになりなさい」と言わなければいけない。それを、お金お金、高学歴、高収入。いい会社、一流企業に勤めろとか、そういう価値観でしか教育してこなかったから駄目なのです。「おかげさま」でなく、「お金さま」と拝金主義に陥っていた（笑）。

お寺に通っている人たちは、そういうところで、「もう一つの物差し」という価値観を持っています。「ボロは着てても心は錦」「お天道さまが見ているよ」「お大師さまと二人連れ」そういう世界に出会っているかどうか。お寺というのは、そういう大事な教育の場でもある。

次回はぜひ、お子さんやお孫さんを連れてきていただきたい。お子さんやお孫さんに、「お寺って楽しいところなのよ、いいお話が聞けて、自分の生き方がいろいろと考えさせられて、心豊かに生きていけるところなのよ」と伝えて欲しい。お孫さんとお寺に来ていただきたいですね！

5　全国子供電話相談室・無着成恭先生

ここで、私のもう一人の師匠、曹洞宗の無着成恭《むちゃくせいきょう》先生のお話をします。無着先生って、皆さんどこかで聞いたことあるでしょう。山形で「山びこ学校」という綴《つづ》り方教室をやった先生です。戦後の教育界に大きな影響を与えた先生です。昭和二年生まれですからもう数えで九十歳。でもお元気です。いま大分にお住まいです。その講演のちょっと面白いところをお話しします。「何に命を懸けて生きるか」です。山形弁でいきましょう。

わたすはお寺に生まれた。お寺に生まれたっていうのはね、これはかけがえのねえことだったんですけれども、小学校の一年生に入ったときに黒板の上に額があって「私たちは天皇陛下の赤子《せきし》です」と書いてあったんだ。担任の渡辺秀男先生はね、「わたすたちは天皇陛下の赤子です」って、みんな直立して読ませたんですね。小学校一年生、昭和八年ですよ。全国のどの小学校にも黒板の上の額縁にそう書いてあった。日本人は皆、天皇陛下の子どもなんである。だから「天皇陛下のために死ぬことは親孝行をしたのと同じことなんだ」とわたすたちは教わったんですよ。だから忠義を尽くすということは親孝行をするということと一緒なんだ。

という法話を聞いたんです。当時の道徳教育の基本なんでしょうね。忠孝一本という話です。そして、先生は家に帰ったんです。無着先生の家は曹洞宗のお寺です。

わたすの父親は禅宗の坊主ですから、おやじに「私たちは天皇陛下の赤子なんだって」と言ったら、うちのおやじはね、「日本という国のお父さんみたいなもんだから天皇陛下の子どもだと言ってるんだろうね」と言いました。「けれどもな、成恭」って言うんですね。うちのおやじはね「天皇陛下だって仏さまの子どもなんだよ」って言うんですよ。考えてみるとね、学校に行くとわたすと天皇陛下は親子の関係なんだけれど、家に帰ると兄弟なんです

ね。家に帰ったら天皇陛下とわたしは兄弟になってしまうんだ。だって御仏《みほとけ》の子どもだから。学校に行くとわたすと天皇陛下は親子。こういう関係ってあるのかしらね。あるときは親子で、あるときは兄弟なんて……これどっかで不倫やったんじゃないかしらと思ったんですね（笑）。

そして、昭和二十年に敗戦になるわけです。それでふっとね、死ななくてもいい時代になったんだ。そうか昭和二十年で天皇陛下のためには死ななくてもいい世の中になったんだ。お国のために死ななくてもよくなったんだ。昭和二十年までは自分が自分なのに自分のために死ねない時代だったんだ。つまり天皇陛下のために死ねることが人間としての生き方で、天皇陛下以外のことで死ぬことはいわば人間的ではない。非国民だと言われたんですね。しかし、そうではない時代が来たんだというふうに思った。

そのことで何年かして「山びこ学校」という形で、わたすは教育の世界でそれを実現したんだけども。自分のために死んでもいい時代だということになって、いろんな受け止め方があるんです。戦後出てきた流行歌や演歌などを聞いていると「なるほど」と分かったんですね。だって「あなた死んでもいいですか。着てはもらえぬセーターを〜涙こらえて編んでます♪」などとね。この人はセーター編みに命を懸けてるんだな、それはそれでいいんですね。この人はセーター編みに命を懸けて、都はるみはセーター編み終わったら北の宿で死ぬんだなと（笑）。「吹けば飛ぶような将棋の駒に♪賭けた命を笑えば笑え」なんて、坂田の三吉さんは将棋の駒に命を懸けることができる時代になってきたんですね（笑）。

というように、何に命を懸けるかなんですよ。人間が幸せだということとは、「俺は何に命を懸けて生きていったらいいか」ということを見極めることで、子供たちにも「このことをやって生きていきたい」というその仕事なり、夢なりを見つけることのできる選択力、判断力、そういう学力を大事に教育していかねばならない、と考えました。

（西暦一九九五年（平成七）十月十九日中野ゼロホール講演録より、文責赤川）

宗教というのは生き方なんです。将棋の駒に命を懸けてもいい。そういう生き方が宗教なんです。そういうのが分かんない人をお寺で、住職さんや奥さんやいろんな方々と生き方の話をしていくといろんなものが見えてくる。そうだこれからは自分のために、自分が幸せになるために、そして子や孫が幸せになるために、世の中が平和になるために、お寺に通いましょうと。こうなってくるんですよ。これが昔からのお寺なんです。

お寺というのはみんなが集まって来て、笑ったり泣いたり、お寺に集まってみんなでいろんな話をしたり、相談をしたり、教育を受ける寺子屋だったり、これが本来のお寺なんです。今ここで、本来のお寺の形、姿をこうやって実践してるわけです。

教育の話を続けましょう。

今度は算数の問題です。無着先生から聞きました。二足す二は四。二掛ける二は四。これ北欧のヨーロッパで教える算数の問題です。「二足す二と、二掛ける二の四は、同じか違うか。その理由を書きなさい」というのが北欧の算数の試験。私はこの話を聞いたときビックリしました。日本と全然違う。そして、答えなんですが、同じならその理由、または違うという理由を書けばいいわけです。違う理由を言いましょう。二メートル足す二メートルは四メートル。二メートル掛ける二メートルは四平方メートルであります。前者は長さ、後者は面積です。同じ四でも違うのです。私は、今までこれ何十回もこの話をしていますが、これパッと答えた人はいません。皆さん少なくとも小中学校は卒業しています（笑）。高校も、もしかしたら大学だって出ています。私はこの質問を最初に受けたときに答えられなかった。これを教えてくれたのが無着成恭先生であります。

で、先ほどの話。二メートル掛ける二メートルは四平方メートルというように、今の教育は「できる教育」しかしていないのです。できればいいのです。でも、仏さまの教えというのは「分かる教え」なんです。どう違うのか。東大の法学部を一番で卒業したらどこへ行くか知ってますか。財務省か外務省と大体決まっています。東大法学部一番の学生というのがその世代の文系で一番頭のいい人でしょう。そういう人は、みんなお役人、国家公務員になっていくのです。いいですか、国立大学がこんなにエラいのは、日本だけです。国が教育を牛耳っているからなのです、アメリカでもヨーロッパでも有名校は全部私立大学です。英国のオックスフォードにしたって、ケンブリッジにしたって、米国のハーバードでも、全部私立大学であります。アメリカの国立大学は、陸海空軍の士官学校です。特に米国は、主流は私立大学で、「私たちは、自分たちでこういう人間を育てる」という方針がハッキリしていて、それこそが教育の原点なんです。だから、明治になって教育を国が牛耳るようになってから、日本が駄目になってしまったんです。それ以前の江戸時代は、藩の学校で、特色ある教育をそれぞれの藩校でしていました。現代は、優秀な人は一杯います。頭のいい人は一杯います。東大の法学部へ行く、すごく頭のいい人は一杯います。しかし「できる」だけなのです。「分かる」人を育てていないのです。国民が分かったら困るのです、国は。できる者を育てればいいのです。国は、分かる人が牛耳っています。分かったら困るのです。いろんな矛盾が出て来たりする。ところが仏さまの教えというのは、「分かる人を育てる」のが教えであり、悟りの智慧のお話になるのです。

6 子どもをたたいてはいけない

子どもを育てるのはどうしたらいいのか。ここで「子どもをたたいてはいけない十の理由」（明石書店『憲法九条は仏の願い』）を紹介します。スウェーデンの教育学者・社会学者ブライアン・アシュレイ氏が言ったことです。子どもは絶対にたたいてはいけない、いや、小さい子どもだけじゃありません。中学生でも高校生でもです。そして、そのまま、国家間にも言えます。カッコ内は、そのまま、「軍隊、軍事力を持ってはいけない理由に」読めるのです。

①体罰は、児童虐待の危険を高める。（軍事力は、諸国民の危険を高める）
②体罰は、親子間の信頼を失わせる。（武力行使は、国家間の信頼を失わせる）
③行動の改善より、行動を悪化させる。
④暴力支持の態度を伝える。（暴力でなんとかなるという態度を伝えてしまう）
⑤恐怖感を与えることは効果的ではない。
⑥頻繁にたたかれた子どもの記憶には、怒りと憤りだけが残る。（武力をふるわれた人々の記憶には、怒りと憤りだけが残る）
⑦子どもは、悪い行動でなくてもたたかれることがある。（国家間では、悪い行動でなくても非難されたり武力行使されることがある）
⑧不作法を叱るためにたたくと、より適切な行動を教える機会をなくすことになる。（抗議手段・対抗措置として武力を用いると、より適切な行動を教える機会をなくすことになる）
⑨たたけば無作法な行為がしばらく収まるかもしれないが、理由を説明したり、非暴力の重要性を伝えるほうがうまくいく。
⑩より良い代替手段は存在する。子どもは話し合いを通して、責任と思いやりと自制的な大人の行動をお手本として学んでいく。（よりよい代替手段は存在する。国家は外交と対話

を通して、責任と思いやりと自制的な行動を学んでいく)

という十項目です。このように、子どもをたたいてはいけないという、いろいろな理由があります。

そして、実は、これを安倍総理大臣に私は言いたいのです。武力で平和は実現できません。今の話を体罰ではなくて武力、兵隊の力、戦力というものに置き換えて考えることができるのです。武器というのは、持っていたら使いたくなります。政府は武器輸出三原則を緩めて、人を殺す武器を輸出まですることになって、もう三菱なんか大喜びです。戦車やミサイルを外国に売ると……今まで輸出できなかったのです。三菱重工は、今、外国で武器展示会に参加しています。いいのでしょうか、そんなものを売って商売して。外国に売ったら、それを使って人殺ししますよ。そんな機械を日本が儲かるからって、売っていいのでしょうか。皆さんにも、考えていただきたいと思います。

三、仏教とは何か

1　音写と意訳

まず、仏教を知る、勉強するには「音写と意訳」という勉強をしなければいけません。私はよく聞くのですが「南無阿弥陀仏」これは日本語でしょうか？　中国語でしょうか？　答えは、どっちでもないんです。これ全部インドの言葉であります。考えてみてください。仏の教えの基本は『仏説〇〇経』と「お経」に書かれてまとめられています。「仏説」の仏は「仏陀」で、お釈迦さまが「説《と》」いたお話です。お釈迦さまは、インドの人ですから、インド語でお話しなさっていました。ですから、お経は、もともとインドの言葉で書かれていました。南無阿弥陀仏というのは「南無」も「阿弥陀」も「仏」も全部インドの言葉なのです。

皆さんご存じの孫悟空の「西遊記」でありますが、これ自体は作り話です。でもそこに登場する三蔵法師さまは中国人の玄奘《げんじょう》三蔵（六〇二～六六四）という実在の人物で、ロバに乗ったり馬に乗ったりラクダに乗ったりして、シルクロードとかをずっと通ってインド（天竺）に行き、ありがたいお経や仏像をもらって中国に帰還しました。インド語の勉強もして、計十六年もかかったのです。そのときの見聞録『大唐西域記』が西遊記のもとになっています。その持ち帰ったお経は、サンスクリット語とかパーリ語とか古代のインド語で書いてあるのです。だから、普通の中国人には分かりません。しかし、三蔵法師玄奘さまはインド語を勉強して、それを中国語、漢文に翻訳したわけです。ですから、先ほどのお経でいえば「仏説阿弥陀経。如是我聞、一時仏在、舎衛国、祇樹給孤独園～」。「私はこのように聞きました」ということ。漢文になっているわけです。「一時仏在、舎衛国、祇樹給孤独園～」って、お経が始まりますが、「如是我聞」は、「私はこのようになんて書いてあるかっていうと、あるときお釈迦さまは、舎衛国の祇園で、長老の舎利弗《しゃりほつ》から、お盆の話で有名な目連さんやら、いろいろな人々が一二五〇人も集まっているところでこういうお話をしました。つまり、お経には、いつどこで誰が誰に話したかと、最初にこう書き出してあるわけですが、今、お坊さんが読むお経は、基本的に中国語、漢文で書いてあります。

ともあれ三蔵法師さまがインド語のお経を、漢文に訳してくれた。その有り難いお経を、それこそ空海さんや天台宗の最澄さんなどの日本の偉いお坊さんが、中国に留学して、もらって帰ってきた。最澄さんも空海さんも遣唐使で、中国へ行った。しかし空海さんは身分が下ですから、私費留学生でした。最澄さんは国費留学生で、大変偉いお坊さんとして中国へ行った。空海さんは自分でお金を払って行く位の無名な私費留学生でした。ところが「密教」という大変な教えをもらって帰ってきた。最澄さんは全然別のところへ行っていましたから、その密教は持ち帰らなかった。そこで最澄さんは「そのお経を見せて下さい」って言ったけど、空海さんは「俺の弟子に成るなら見せてやる」って言ったんです。最澄さんは偉いから「弟子になる」って言ったのですが、なかなかうまく行かなくて、その結果、天台宗と真言宗が生まれる。平安時代のお話です。浄土真宗とか禅宗とか日蓮宗とかは、鎌倉時代ですから、まだ出てきてないのです。そういうふうに空海さんや最澄さんがありがたいお経をもらって来てくれたのです。そこには漢文で書いてありますから、お坊さんたちでなくても、皆さんだって読めばなんとなく分かります。でも「南無阿弥陀仏」っていうのはなんだか全然分かんない。なんでか？　音写、当て字です。

例えば「尼克松」。これはどういう意味でしょう？　答えは「ニクソン」。では、これ「里根」は？「レーガン」。次に「布什」は？　「ブッシュ」。さらに「克林頓」は？　「クリントン」であります。これ全部アメリカの大統領。中国には片仮名がないから漢字で音《おん》を表わす。これが音写です。当て字です。では、これ「口可口楽」は、何と読むでしょう？　答えは「コカコーラ」。口に入れるべし楽しかるべし。名訳です、「スカッと爽やかコカコーラ」（笑）。

中国人もいろいろ考えて音写しているのです。日本人は、片仮名があるから「コカコーラ」

と外国語を表記できる。日本語では、外国語を片仮名で表記するという、いわばルールです。ところが中国には片仮名も平仮名もない。日本人って、頭いいですね。漢字っていうぐらいですから漢の国、中国の文字が日本に伝わってきた。その漢字から、平仮名とか片仮名を作りました。日本人ってやっぱりすごく頭のいい民族です。

中国人は漢字しかありませんから、先ほどのように漢字を当てるしかないわけです。ただ多少意味を含んで訳す場合もあります。それで、知り合いの中国人に言ったんです。「私はいろいろ、中国語を知ってるんだよ、レーガンとかクリントンとか中国語の表記を知っているんだよ」とか言って、「ところで、コンピューターってどう表記するの？」と聞くと、答えは「電脳」。電気の脳みそ！　確かに、ヨドバシカメラとかビックカメラとかの売り場に行くと「電脳」って書いてあります。これが意訳であります。意味で訳しているのです。電気の脳みそ「電脳」(笑)。つまり、仏教を勉強しているときに、この仏教用語は、音写か意訳か判断しないと、意味がつかめない。この違いを理解していると、分かり易くなる。例えば、「無阿弥陀仏の南無ってなんですか?」って質問が出ます。「南が無いでしょう。北と東と西はあるんですか?」なんてトンチンカンな質問まで出ます(笑)。南無は帰依するという「ナム」というインド語の音写ですから、北とか東は関係ないのです。

2 仏教とは何か

さて、「仏教とは何か」のお話に入りましょう。そして、メインの「悟り」ということは一体どういうことなのかということに、お話を進めていきたいと思います。私は、高校の社会科の教師でした。「倫理社会」「倫理」という社会科担当で、二学期の中間試験に、いつも次のような試験問題を出していました。「仏教とは何か。これを、ひと言で書きなさい」という試験問題を毎年、出していました。ほとんどの生徒が、正答率ほぼ一〇〇％です。授業に出ていない、欠席していた生徒も答えが書けているのです（笑）。皆さん、「仏教をひと言で書け」なんて、大変難しいですね。でも、答えは簡単です。正解は、「『仏の教え』であり『仏になる教え』」これでいいのです。

(1)ブッダ＝正覚者

「仏の教え」というのは、お釈迦さまの教えです。お釈迦さま、仏陀のことです。「仏になる教え」というと、成仏《じょうぶつ》かと思われて、「死ぬことですか」って（笑）。違います。「仏陀になる」のです。高校生にも分かる話ですから難しくないです。では、仏陀とは何か。「お釈迦さまですか」っていう質問が出ます。固有名詞で使うとお釈迦さまを指しますが、この場合、普通名詞で、Buddha の音写「仏陀」です。仏陀というのは、お釈迦さまも指しますが、普通名詞ですから意訳しなくてはいけない。意訳をすると、「正覚者《しょうがくしゃ》」っていうのです。正をとって「覚《かく》者《しゃ》」でもいいです。そうすると、少し仏教が分かります。仏教は、「お釈迦さま＝仏陀の教え」であり、「正覚者になる教え」ということです。

正覚者、目覚めた者って何か？　そして何に目覚めるのでしょうか？　朝、おはようと目覚めるって、違います（笑）。そういう目覚めじゃない。真理、真実に目覚めるのです。それが悟りであります。悟った人＝正覚者＝仏陀です。何だかまだ分からないですね。

ここからが仏教の授業になるわけです。高校生にも分かるのですから、皆さん大人だから大丈夫。何で大人だと分かるかというと、人生の経験をしているからです。人生の経験をしていない人には、なかなか悟れない。四苦八苦とか苦労とか、子供にはそういうのは分からない。特に漢字ばかりの漢文で書かれている。だから、なおさら分からない。そういうのをチンプン漢文《カンブン》って言う（笑）。でも、人生の達人の皆さんには分かる。仏教の勉強っていうのはここか

ら始まるんです。
「仏さま」っていうのは日本語です。中国人は仏陀を「如来《にょらい》」と訳したのです。これは意訳です。何で如来と訳したのか。「如来」というのは、「如から来てくれている」という意味です。「如」は「真如」のことです。真「如」の世界から「来」てくれている。真如は真実のこと。だから、本当の、真実の、真如の世界から来てくれているのが「如来」という言葉です。
真実の世界、浄土宗、浄土真宗などの浄土教では「極楽浄土」といいます。「往生浄土」という言葉がありますが、これは「極楽浄土に往《い》って生まれた」という意味です。これが、浄土教の基本的な説法です。
では極楽浄土というのは何なのか。これが真如の世界です。真如とは真実の世界ということですが、この世は仮の世界なのです。日本を仏教国にした、政治に初めて仏教を取り入れた聖徳太子さまも「世間虚仮《せけんこけ》、唯仏是真《ゆいぶつぜしん》」と言い、つまり、私たちのいる世間は、虚しい仮の世界であり、仏の世界こそが真実の世界であるとおっしゃっています。その真如の世界から来てくれた。それが、如来。皆さんの大事な方が亡くなって、向こうに往って仏さまになった。それは「如去《にょこ》」と言います。如来は聞いたことがあるけど、如去はあまり使われませんね。我々のために向こうの真実の世界から来てくれているのが如来。大日如来、阿弥陀如来、釈迦如来、薬師如来など、如来はみんな、私たちのために真実の世界、如の世界から来てくれている。それを日本人は「仏さま」と言っているわけです。

(2)真理、真実

では、真理、真実とは何か。これが、いろんな説法、説明がありますが、基本的に社会科の授業では、それを三法印《さんぽういん》とか四法印《しほういん》という言葉で教えます。「法」は、仏法の法、教えのことです。インドの言葉では「ダルマ」と言います。達磨《だるま》さんのダルマです。「三法印」は三つの教えの「印《しるし》」。印というのは旗印《はたじるし》ということ。それが三つあって「諸法無我《しょほうむが》」、「諸行無常《しょぎょうむじょう》」、「涅槃寂《ねはんじゃく》静《じょう》」というのが三法印です。そして、それに「一切皆苦《いっさいかいく》」というのを加えると「四法印」になります。

ちなみに「諸行無常」とは、因と縁によって生まれ起こったこの世のあらゆる現象は、常に変化する。「諸法無我」は、この世のいかなる存在も実体はなく、因と縁によって今、仮に和合したものであって永遠不変の実体はない。「涅槃寂静」は、それらの教えを体得することにより、涅槃という煩悩の吹き消えた、安らぎと平安の悟りの状態に至る、仏教の目的でもある。「一切皆苦」とは、人の一生は老いて病を得て、死んでいかねばならない人生であり、毎日毎日の日常も煩悩のため、思い通りにならず苦しみが絶えないという、いわゆる「四苦八苦」の毎日、人生であるという「四つの真理」であります。

(3)般若＝智慧

「仏教とは何か」という問いに私の師匠・花山勝友先生は、「仏教とは仏になる教え。正しい教えを実践することを通して、正しい智慧を獲得して、それによって悟りの状態である仏陀に到達する教え」とおっしゃった。この智慧を「般若《はんにゃ》」といいます。皆さんよくご存じの「般若心経」の般若です。

般若というのは音写で、インドの言葉です。サンスクリット語（梵語《ぼんご》）で「プラジュニャー」とか、パーリ語の「パンニャー」という、インドの言葉の音写です。いわゆる当て字ですから、漢字の意味はない、あの恐い「般若のお面」とも、あまり関係ないのです（笑）。普通は分からないですよ、インドの言葉で音写ですから。だから、意訳しなきゃ駄目です。意訳すると、これが「智慧」なんです。そうすると、仏教が分かってきます。「般若湯《はんにゃとう》」というお湯は、日本酒のことですが、智慧の涌き出《い》ずるお湯ということです。仏教には「不飲酒戒《ふおんじゅかい》」と言ってお酒を飲んじゃいけないという戒律があるのに、これはお酒じゃないんだというわけです。智慧の涌き出ずるお湯だから、「悟りを開くための修行だ」なんて言って飲むわけです。言い訳ですが、嘘も方便と言ってね、うまいこと言いますね（笑）。方便というのも大事な話でありますが、ここでは方便には触れません。

つまり、「般若心経」は、『摩訶般若波羅蜜多心経』で、これは全部インドの言葉で音写です。この世は、辛《つら》く苦しい四苦八苦の人生。この苦しい世から、安心、安穏、平和な悟りの世界＝パーラムにイタしたい（渡りたい）、パーラミタ。だから「パーラミタ」っていうインドの言葉は、「悟りの世界に渡る」ということです。そして摩訶《まか》というのは「摩訶不思議」って、手品師が言いますが、「すごい」「大いなる」っていう「摩訶」です。『摩訶般若波羅蜜多心経』とは、「悟りの世界に渡るための、核心である大いなる仏の智慧を説いたお経」ということになります。つまり、智慧が完成すると、悟りであり、そういう人をブッダ＝目覚めた人と呼ぶわけです。般若心経のありがたさは、題名にそもそも書かれていたのです。

⑷縁起の道理

「仏教とは何か」は、いろいろな説明の仕方があります。次の説明ならもっと分かりやすいでしょうか？　高校の教科書に書いてある事です。「ゴータマ・シッダールタ（お釈迦さま）は、縁起の道理を悟って仏陀（＝正覚者）となった」と。ここは、仏教入門の一番大事なところです。「ゴータマ・シダールタ＝お釈迦さまは、『縁起の道理』を悟って仏陀となった」ということは、悟りを開くには、この「縁起の道理」が分からなければならない。繰り返しますが、お釈迦さまは、王子の座を捨て、妻子を捨て、難行苦行の末、「『縁起の道理』を悟って仏陀となった」ということは、皆さんも厳しい修行とかはしてないけれども、まずは、「縁起の道理」だけでも、ここで悟ればいいじゃないですか？（笑）社会科の教科書には、こう出ているのですから。

では、「縁起」とは何か？　縁起が良いとか悪いとか、よく言います。「あら、今日は茶柱が立っているわ。何かいいことがあるのかしら、今日は縁起がいいわ」なんて言ったり。また逆に、霊柩車が前を通ったりすると「あら、親指を隠さなくちゃ」とか。この話は私の小さい頃、よく言われたのです。「お葬式の前を通る時とか、霊柩車が来たら、親指を隠せ」って。

親を大事に感じていたのでしょう。お通夜やお葬式、霊柩車を見ちゃったりすると縁起が悪いとか（笑）。

3　縁起がいい、悪い？

縁起とは「因縁生起《いんねんしょうき》」の短縮であります。あらゆるものは、因があって縁があって生まれ起こるのです。原因と縁があって、結果が生じるのです。ここで実は、縁が重要なのです。例えば、種があって、花が咲きます。原因と結果です。種がなかったら花が咲かない。当たり前です。ただし、種の芽が出なくては、花は咲かないのです。小学校で、発芽の三大要素っていうことを勉強しましたが、水と、熱（温度）と空気（酸素）の三つの条件が整わないと芽は出ません。芽が出ないということは花が咲かないということです。これら三大要素は、「環境」「条件」であります。農業において、あまりかんかん照りで水不足でも駄目だし、太陽があまり出なくて、日照不足でも稲は不作になる。程よい太陽と水、雨の降り方が大事であります。お米ができるのも、リンゴができるのも。要するに、環境、条件ということです。それらが整ったときに花は咲き、実は成ります。この考え方は、自明の理で、誰でも分かります。これが因縁生起。種である原因はもちろんなくてはなりませんが、縁である条件、環境は結果を大きく左右します。したがって、仏教では、「縁がすべて」「縁は、間接原因」という考え方、表現にもなります。

全てのことには原因があり、結果がある。日常でも「因果応報《いんがおうほう》」「因果は巡《めぐ》る」とか言います。また、「親の因果が子に報い」という言葉もあります。これは、親がそういうことをしているから、子どももがそうなった。親が悪いことをしていた（そういう育て方をした）から子どもも悪くなったというのもありますが、親がいいことをしていたから、いい子が育ったということもあります。子どもは、親をよく見ていますから（笑）。「親の背中を見て育つ」といいますし、「子は親の鏡」「反面教師」というのもそれでしょう。

「自業自得」というのも因縁生起のことですが、「自らの行い（業《ごう》）が、自らに報いを得る」という意味で、実は二つの意味があります。普通使うのは、「自己責任」のような意味で、自

らに悪い報いが来ることで「悪因悪果《あくいんあっか》」ということです。悪い種をまいているから悪い花が咲く（花が咲かない）、悪い原因で悪い結果が生ずるということです。これが世間一般で使われている「自業自得」です。そして、もう一つはその逆で「善因善果《ぜんいんぜんが》」といって、良い種をまいていれば、必ず良い結果、良い花が咲くというのが、仏教の縁起の道理です。ただし、そこには、条件、環境、間接原因としての縁がなくてはならないのです。したがって、ご縁がすべて！　ということになるのです。そして、ご縁は、決して偶然でなく、むしろ、努力（精進）の結果であるとさえ、考えています。

つまり、「お釈迦さまが縁起の道理を悟って仏陀となった」のですから、私たちもこれが理解できればいいわけです。この縁起の道理は、「縁起の法則」とも「因果律」ともいいます。この道理を、うなずけて分かっていないから、トラブルが起こるのです。「うちの息子が（娘が）こんなになったのは、母親のお前の教育が悪いからだ」とか言って、人のせいにしたりしますが、母親の教育だけじゃない、父親の種も悪かったんです。それは、自分にも原因があるし、環境にも問題がある。だから、息子は娘は、グレてしまった。あらゆる因と縁が、結果になるのでありますね。悪い種を持っていても、水をやらなきゃ芽が出ません。みんないい種も持っているし、悪い種も持っているのです。いい種だけ芽が出ればいいでしょう？　悪い種はおとなしくしていればいい。なかなか、思い通りにはなりませんが。

人間の体もそうです。最初に述べましたように、人間は毎日数千個のがん細胞ができているのです（順天堂大学奥村教授）。タバコを吸い過ぎたり、お酒を飲み過ぎると、悪い細胞（種・原因）が芽を出しやすくなる。環境（ご縁）を結びやすくなる。でも、タバコを吸っているから、必ず肺がんになるとは決まっていない。しかし、生まれてきた以上いずれ必ず死ぬという結果は、条件次第で早くも遅くもなるのは、ご理解いただけるでしょう。長生きしたければ、できるだけ悪い種が芽を出さないよう努力するのも条件、環境、努力、ご縁です。というように、全てがご縁次第であります。

このように、仏教で一番大事なのは、ご縁であります。どういうご縁に出会っているかなんです。皆さんは、こうやって、お寺や仏教を守ろうと、応援されていらっしゃいます。でもただ応援しているだけじゃない。実は自分のためなのであります。お寺さん、住職さんのために来ているのではない。自分が悟りを開き、救われていくのです。

一般的な表現で言えば、自分が仕合わせになる、救われる、安心の人生を歩むということです。お寺に来たら、儲かるのか？ お金は儲からない。でもボロは着てても心は錦（笑）。いろんな苦しいことや辛いこと、人と比べたらうちは駄目なこともいっぱいあるけれども、そんなことは問題じゃない。心は錦、仏さまがいつもついていてくださるのだ！ という人は、仕合わせな人生を送っていけるのです。

仕合わせというのはご縁次第。どういう世界に出会っているか。南無大師遍照金剛でも、南無阿弥陀仏でも、南無釈迦牟尼仏でも、南無妙法蓮華経でもいいのです。自分がなるほどと腑に落ちて、納得して、安心の人生を送る。または、それを求めて生きていく「求道《ぐどう》の精神」が大切だと思います。そのために、お寺に来ているのです。何だか分からなかったら「南無」と、最初の二文字でもいいんです。実践してみることが第一歩です。自分は宗派の教えとか、詳しくはよく分からないけれど、お釈迦さまの教え、それが心の依りどころなのですと……。すがっているのではなく、それを経糸《たていと》として、お任せして生きているのですと……。そうすると、安心して生きていけるのです。辛いことがあったら、仏さまが、お大師さまが一緒に歩いてくれているんだ。あなたが悲しいときは私も悲しい。あなたが嬉しいときは私も嬉しいと、仏さまが、お大師さまが慈悲の心で接してくれている。一緒に歩いてくれているというのはそういうことです。

これ、お寺に来ていない人には何だか分からない。先祖供養、今日は三回忌だから、七回忌だから、お経を上げてもらわなくちゃと思う。そこで、私はいつも言うんです。「じゃあ、お経を上げなかったらどうなるんですか？ ご先祖さまは、罰《ばち》を当てるのですか？」と。最近、墓参りに来ないから、誰か一人けがさせてやれとか、誰か一人病気にさせてやれとか、誰か死んでもらって、ちょっとこっちに連れてきてやろうとかって、あり得ません。ご先祖さまが、ばちを当てるなんてことはないです。逆に「お墓参りには来なくてもいいよ、おうちでお仏壇でお参りしているんだし、いいよ。お墓参り来なくて」「それよりも、あなたの生き方が心配だ」と。くよくよしたり、迷ったりしている私に、「もっとこっちを見なさい」と。「私がついているじゃないか」仏さまになられたご先祖さまが、ご主人が、ご兄弟が、親御さんが、仏さまとしてあなたのことをずっと見守ってくれている。「一人じゃないんだよ」と、いろいろなメッセージが仏さまから届いているのです。お寺で何に出会っているか。そういう仏さまの世界に出会っているのです。だから、お寺に行かなきゃ駄目なのです。行かなくては、こういう話は聞けないし、分からない。

お遍路さんをするのもいいです。仏さまと出会えるのではないでしょうか？　そう思い、私も実は、二十三番まで歩いていますが、なかなか仏さまのメッセージは聞こえてきません。ただ歩いているだけです。ご朱印をもらったりはしていますが。歩いているときに、「同行二人」を感じられるかどうかって、関心もありましたし、お念仏称《とな》えたりしながら歩いています。でも「同行二人ってこういうことかな？」と、ちょっと感じたりもしましたが。しかし、こればかりは、人さまにはお伝えしようがない。お釈迦さまもそう言ったのです。お釈迦さまは、菩提樹の下で悟りを開いた。悟りを開くというのは、観念的な首から上の理性的なものではなく「体験」ですから、口や、言葉では説明できない。だから、お釈迦さまは悟りを開いて「仏陀＝目覚めた人」にはなられたけれども、とてもこれは人には説明できないと思った。そこに、梵天《ぼんてん》という神さまが下りてきて、「お釈迦さま、あなたのその悟りを人々の救いのために伝えなさい」と言ったけれども、とても無理と断ったのです。それは、悟りが体験だからです。美味しいとか、においとか……体験、経験はなかなか人さまに伝えられないものです。

そして、梵天がそれから二回も来て、お釈迦さまを説得（いわゆる「梵天勧請《ぼんてんかんじょう》」）されて、説法を始めた。それから、お釈迦さまは四十五年間、ずっと説法をして歩いたわけです。その人その人の悩みがみんな違うから、いろんな説法をしたのです。例えて言えば、ある一人には南無阿弥陀仏と言い、ある人には南無妙法蓮華経と言い、また、ある人には南無大師遍照金剛と言ったわけです。人それぞれに悩みや苦しみが違うから。八万四千《はちまんしせん》の法門といって、いろいろなお話をした。だから、日本では十三宗五十六派（戦前）と言われる宗派ができた。

日本で仏教が花開いて、宗派というものがいっぱいできた。それぞれ特色があって違いも見られますが、全部お釈迦さまの教え。それぞれ違うようだけれども、もとは一緒。どっちがいいとか優劣はないです。「宗論はどっちが負けても釈迦の恥」です。今こそ、宗派を超えて仏教の素晴らしさが広がり、平和な安穏な世の中になってほしいです。仏教各宗派の教えは、すべてお釈迦さまが言っているお話なのです。だから、例えて言えば、富士山の頂上は一つで、悟り（平和、安穏）の世界というのも一つなのです。けれども、登り方がいっぱいあるのです。富士吉田口やら、御殿場口やら。五合目までバスで行ったり、下からずっと歩いて行ったり。歩けない人はおんぶしてもらったり。いろんな登り方がある。自分に合った登り方、それが宗派。でも、悟りの頂上は一つ。

そういう世界に出会うか出会わないかというのは、お寺に行くしかないのです。そこが入り口、いわば停車場（駅）です。旅に出るには、まず電車に乗りますが、停車場に行かねば電車には乗れません。あとは自分で勉強をしたり、本を読んだり、お遍路さんしてみたりとか、いろんな方法があるけれども、まずは、停車場のお寺に行って、そこからスタートしていくわけです。すると、「ああ、こういうことかな？」と、悟りは、体験なのです。だから、例えば料理番組とか見ても、美味しいのかまずいのかなんて分からないでしょう。だって、食べなきゃ分からないのです、体験だからです。テレビの向こうで美味しいって言ったって、こっちは分からない。自分で納得するしかないのです。「腑に落ちる」っていうでしょう。腑というのは、五臓六腑の腑です。だから、理性じゃないのです、仏教は。実は、理論や理屈じゃない。体得する、五臓六腑で納得する、思い当たるということです。自分の人生において、実体験として「うん、なるほど！」「同行二人、辛いときに一緒に歩いてくださっている！」「一緒にそばにいて支えてくれた！」などと。「そばにいてく〜れる〜だけでいい〜♪」と、歌じゃありませんけど、「そばにいてくれる」って、そういう感覚なんです。

「寄り添う」というのは、今の時代のキーワードです。それが、同行二人です。仏さまは、常にそばにいてくれる。「千の風になって」という歌があります。あれがなぜ、大ヒットしたのか。亡き人からのメッセージなのです。亡き人からの歌は、これまでなかったのです。「オラは、死んじまっただ〜♪」というのは、ありましたが（笑）。「千の風になって」が初めてなのです。まさに、あれは同行二人の歌なのであります。私はお墓（だけ）には、いない。風になって雨になって、お花となって。雨になって川の水になって、それを吸ってお花が咲いて……いつもあなたのそばにいます……。

では、仏とは何なのか。浄土真宗の宗祖、親鸞聖人がおっしゃったことですが、「仏とは、想像も色もなく形もなく、思いもおよばず、言葉も絶える」と。思いもおよばずということは、想像もつかないよという意味です。言葉もおよばずということは、説明もできないのだよと。だから、仏さまというのはいわば「千の風」なんです。賛否ありますが、私はいい歌が流行《はや》ったと思っています。

また、天台宗では、「山川草木悉皆成仏《さんせんそうもくしっかいじょうぶつ》（悉有仏性《しつうぶっしょう》）」（『天台本覚論』）といいまして、山も川も草も木もみんな仏さまだっていうのです。だから、千の風の詩であります。花も草も木も石ころも。こういう考え方は西洋の宗教にはありません。キリスト教とかイスラム教では、人間しか救われないのです。犬、猫、草や木の救いは、あり得ない。しかし、仏教は違う。あらゆるものが救われ、あらゆるものが仏さまなのであります。

そして、あらゆるものにいのちがあり、我々人間は、それらを食べて自らのいのちを支えているのです。ですから「(動植物の)いのちを私のいのちにさせて、いただきま〜す!」と、感謝して食事をするのです。

4 嘘も方便

ここで方便というお話をします。「例えて言えば」というのが方便です。仏教は、すべてが方便の教えです。仏像も、お経も、説法も、全部方便であります。真理に至るためには、そういうふうに例えるしかないのです。

「指月《しげつ》のたとえ」といって、「第二の釈迦」とか「大乗八宗の祖」と言われるインドの龍樹《りゅうじゅ》(一五〇〜二五〇年頃)の有名なたとえ話です。お月さまが真理の世界、仏さまを表しています。でもそれは見えないのです。仏とは、「色もなく形もない」わけですから、真理の世界は見えてこない。だから、指《ゆび》で指《さ》すしかない。この指が実は、お経や仏像や説法であり、全て指であり、あくまで「月」が真実を指します。「あれだよ、あれ!」って、指差しますが、指ばかり見ても駄目です。この指の向こうにあるもの、月に思いが至らないと駄目。お経とか仏像とか説教とか、全部指＝方便であります。これは自分で見るしか、感じるしかない。仏教は全てが方便でありますが、そう言ってても分からないので、私は、例え話なども大切にしているんです。色もなく形もない仏さまを、「例えて」絵で描けば、皆さんのお仏壇の大日如来でも阿弥陀如来でも、「このようなお姿の仏さまですよ」ということになる。これを方便法身《ほうべんほっしん》といいます。

お寺の本堂にはいろんな仏さまがいらっしゃる。私の宗派は阿弥陀さまですが、阿弥陀さまは、親指と人指し指を丸くして印を結んでいます。「何かくれ」って言ってるのではないです（笑）。こういう印《いん》を結んでいるから阿弥陀さまなのです。これが印《しるし》＝印相《いんそう》です。もしこれが、座って右手を胸の横で開いて、左手を膝の上で開いていたら、お釈迦さまの「施無畏印《せむい》」。これは、お釈迦さまが説法をするとき、聞く人の緊張を和らげるための姿とも言われています。また、お釈迦さまが悟りを開かれた時の「禅定印《ぜんじょう》」という、両手で膝の上で卵型に手を結ぶ印（相）もあります。仏さまは、これらの印（相）を見ないと分からない。手に薬の壺を持っていたら「薬師如来」です。左手の人差し指を右手で握っていたら「大日如来」。このように、印《しるし》をつけないと分からないのが仏さま、仏像です。何でか？　仏というのは色もなく形もない、見えるものじゃないからです。それだと区別がつかない、絵で描いたり仏像に彫ったりして……でも、印《しるし》をつけないと区別がつかない。仏さまは方便。なんとなく分かったでしょうか。

さらに説明しますと、仏というのは、色もなく形もない。見えない、分からない、だから、逆に何にでも方便で、例えることができるのです。千の風でも雨でもお花でも光でも、お星さまでもお月さまでもお日さまお天道さまでもいいのです。仏さまは何にでも成ることができる。そうやって考えてください。なんとなく分かってきましたか？　今までぼやっとしていたものが見えてきましたか？

「方便」というのは、もともとサンスクリット語で「ウパーヤ」といい「接近」「到達」「手段」「方策」という意味で、真実＝悟りの世界に近づくための手段、方策ということです。次に示す「キサーゴータミー」さんのお話も方便で有名です。

我が子を亡くして、錯乱しているキサーゴータミーさんという女性にお釈迦さまが、「死者を出したことの無い家からケシの実（カラシの種）をもらってきなさい。そうしたら、その子が生き返る薬をつくってあげよう」と言うお話です。キサーゴータミーさんは家々を回り、どの家でも、死者を出している、人は生まれて老いて病んで死んでいくものだということを悟って、お釈迦さまの弟子となった。お釈迦さまの指示は、悟らせるための方便であったのです。

ところで、前述した聖徳太子の言葉「世間虚仮《せけんこけ》、唯仏是真《ゆいぶつぜしん》」は、仏の世界だけが真実で、この世は虚しく仮の世界だという意味ですが、今、この私が生きている世界は、いろいろなことが起こる「事実の」世界です。その世界、世間に埋没していると、世間が虚仮だとは、なかなか認識できません。逆に、世間を超えた「出世間」の仏の世界（真実の世界）から眺めて見ると、初めてこの世界、世間が虚仮だと見えて実感するのではないでしょうか？ それが、仏さまの智慧の眼《まなこ》「仏智眼」で見るということで、今いる現実世界が虚仮なる世界と、見えてくるのです。智慧の眼と反対は、煩悩の眼です。儲かるか儲からないか、得か損か。役に立つか、役に立たないか、自分の都合で見ているのです。そういう煩悩のフィルターで見ているから、物事の真実が見えてこない。この私の煩悩を捨てたときに、あるがままのものが見えてくるのでしょう。そうしたら、「悟り」なのであります。なかなか難しいですね。そして、悟りを開くと、どうなるのか？　それが、「おかげさまの心」であり、「慈悲の心の実践」になるのです。

5　経教は鏡なり

中国の善導大師っていう偉いお坊さんが「経教は鏡なり」と言いました。これ、韻を踏んでいるのです。キョウ（経）、キョウ（教）は、キョウ（鏡）なりといって、お経や仏教、教えは鏡だと。「あなたの顔に何かに付いてるから、鏡を見て来い」と言われ、「横五十センチ、縦一メートル、厚さ一センチでした」と言ったら、馬鹿かと言われますよね。鏡を見て来いと言われたら、顔に何かついているぞ、ご飯粒ついてるぞとか（笑）。鏡本体を見るのではなくて、自分の移った姿を見てくるわけです。これ、車のサイドミラーやバックミラーみたいに、方向がななめに向いていたら、他人しか見えません。だから、この鏡というのは角度が大事であります。他人の方を向いていても仕方がないのです。自分の姿が見えなくては駄目です。「経教は鏡なり」……お経やお釈迦さまの教えは、自分の心、考え方、生き方が見えてくる鏡であります。

ところが、お坊さんの中には、そういう鏡の研究をしている人が多い。「あなたのその説法は、親鸞聖人の何を根拠に話をしているんですか?」とか、細かい、うるさいことを言う人がいるんです（笑）。つまり、鏡の研究をしているのです。鏡の大きさが縦何センチ、横何センチ、厚さ何センチと。自分が見えてこなかったら、鏡の研究にはならないのです。お経の研究を学問を、いくらしたって、悟りは開けない。

というように、これ大事な話であります。お経やお釈迦さまの教えは鏡であり、自分が見えてくる。すると……「間違っていた」と頭が下がり、「ごめんなさい」となります。

ちょっと「嫁姑《よめしゅうとめ》問題」で説明しましょうか。私も苦労しましたから、実感を持ってよくわかります（笑）。これも、悟りの話です。今のお話で分かった姑さんは、まずはうちへ帰って「ごめんなさい」と謝ってみてください。さっき言ったように、「私も悪かったんだわ」と。喧嘩なんていうのは喧嘩両成敗なのですから。何もないのに一方的に悪いっていうのは滅多にないのです。やっぱり何かあったからカッときたりして、喧嘩になるのですから。「私も悪かった」と。これ、悟りです、頭が下がる。「お嫁ちゃん、今朝はごめんね。私が悪かったわ」ってちょっと謝る。そうすると、お嫁ちゃんがどうなるか。「あのいつも強気のおばあちゃんが、『ごめんなさい』って謝った。あら、そういえば、今日は皆さんとお寺さんに行って、お坊さんの説法を聞いてくるなんて言っていたから、あら、ほとけ心が出ちゃったのかしら」「もし

かしたらお迎えが近いのかしら。あの強気のおばあさんが、ごめんなさいなんて」「これは今のうちに謝っておかないと、私も一生悔いが残る」と。そして「お母さんやめてください。私も朝忙しくて、ついあんなこと言っちゃって。私も、いけなかったんです」と。これ、嫁さんも悪かったとなりますよ。こうなったら、おうちの中が、今まで地獄のような状況だったものが、お互いに私が悪かったと言えたら、極楽浄土です、これは。お互いに「私もいけなかったです」と頭が下がる。これは大事なことです。これが悟りです。お互いさま、持ちつ持たれつなのであります。

いつもお話しするのですが、「オレがオレがの我を捨てておかげおかげのげで暮らせ」っていう言葉です。オレ「が」オレ「が」を捨てるんです。

悟りへの道です。よくある夫婦の話です、夫婦喧嘩。ご主人が「お前、三食昼寝つきでいいな。誰のおかげで食ってると思っているんだ」と奥さんに言う。奥さんも負けていませんからね。「何をおっしゃいますか。あなたの安月給でやりくりして貯金までして、住宅ローンまで返して。あなたは使い放題使って、誰のおかげだと思っているんですか」。これは地獄の世界。逆に、旦那さんが奥さんに、「俺の安月給でお前、よくやってくれてるな。お前のおかげだよ」と。すると、奥さんのほうも、「いやいや朝早くから遅くまで、あなたが一生懸命働いてくださって、そしてお寺の役員さんまでやって（笑）。あなたのおかげです」と言って、お互いを「おかげさまで」と拝めたら、もうそこは極楽浄土です。オレがオレがの我を捨てておかげおかげので暮らせと。今日の大事なテーマ「おかげさまの心」であります。悟りの境地に至ると、こういうふうになるんです。なかなかできませんが（笑）。

悟りというのは「我捨」、ガシャッと捨てる（笑）。オレが、という我《が》を捨てるのが、

つまり、己《おのれ》の、自らの我を捨てる。仏教の教えでは、全てのものに実体はない、我はないのだと。これを諸法無我といいます。我を捨てるのです。しかし、なかなか自分を捨てられないものです。自分は正しい、相手が間違っている。自分は頑張っているが、相手は手を抜いているといって裁く世界です。自分は正しい、自分はかわいい、相手は間違っている。これが地獄

です。そうだったな、自分が悪かったなと、自分の心が見えてくる、頭が下がってきたら、悟りです。今日のテーマ、悟りとは何かというのは、そういうことです。「経教は鏡なり」というのは、いわば宗教心であり、自分自身を見つめ直す鏡が宗教、宗道であります。

四、死後の世界？

1 「三途の川」

では、三途《さんず》の川の話に移ります。音写と意訳を踏まえて、考えてみましょう。死後の世界の話。皆さん、まもなく行くのですから。私のほうが早いかもしれないのですが（笑）。皆さん、それぞれいろいろな病気を抱えていたり、「来年会えるかどうか分かりませんよ」って、去年言ったのです。でもこうやって、またお会いできた、よかったですね、この世で会えて（笑）。

皆さんとこの世で、会えてよかったというのもありますが、一番会えてよかったのは仏さまとそのみ教《おし》えです。仏さまに出会えた人と会えない人とでは、今日ずっとお話をしているように、生き方が変わるのです。見えるものやお金しか信じないという生き方か、おかげさまでと生きていくか、見えないから陰なのです。また、「お天道さまが見ている」と、こういう生き方ができるかできないかで、生まれてきた甲斐があったというものです、仏さまに出会えたというのは。でも、なぜ出会えたのか？　大部分の方は、お連れ合いや大切な方が亡くなったからという悲しい仏縁、ご縁ですね。そうじゃなかったら、お寺に来ることなかったって方、多いです。あと住職さんが鳴門市の仏教会があるから、うちの寺から最低○名行かなくちゃいけないんで、「弁当も出るから行ってください」って住職さんに頼まれたから来たとか（笑）。あの住職さんじゃなかったら私はお付き合いしてなかったとか、仲間に誘われてとか、いろんな「ご縁」でここにいらっしゃった。そして、仏さまに出会うことになった。これは生き方が変わります。「もう一つの物差し」を持ちましょうという生き方が変わるんです。

この私も、もう間もなく逝くんです、長生きの保証はありません。この世でまた会えるかどうかは分からない。そういうのを「一期一会《いちごいちえ》」っていうんです。最初で最期の出会い、一期一会。だから、ちょっと時間は過ぎちゃったりするけれども、これだけはお伝えしてお別れしたいと。死んでも死に切れないというのでお話をしてるわけです（笑）。では、死後の世界のお話。

そこには、川が流れているのです。川がある以上、岸があります。われわれはこっち側におりますので、こっち側の岸で「此岸《しがん》」といいます。向こう側の岸ですから彼《か》の岸で「彼岸《ひがん》」といいます。お彼岸というのはここから来ています。こっち側ですから、此岸の方を「この世」。彼岸の、あっち側ですから「あの世」と、お考えください（笑）。死んだ人は、この世の、こちら側の岸、此岸の河原を歩いていくのです。その河原の名前が「賽《さい》の河原」。聞いたことありますね（笑）。ところで、私は、最初に言っておきますが、これ誰が見てきたのでしょうか？

亡くなった人は、普通帰ってきませんから……これ、見てきたっていうのは誰なんですかね？「説教師、見てきたような嘘を言い」って言いますが、私が見てきたわけではありませんから、最初にお断りしておきます（笑）。でも、このことに関しては、最後にちゃんと答えを言いますけれども……。お釈迦さまが見てきたのかな？　って、思いますが、実はお釈迦さまも言ってないんです。このお話は、仏教というより、中国の死者儀礼なのです。だまされないようにしてくださいよ、見てきたようにお話ししますが（笑）。

さて、死んだ方は、賽の河原を歩いてきた。じゃ、「歩けない赤ちゃんとかは、どうするのか？」って……。「水子の霊」って言いますが、水子は、川を渡れませんから、この河原で成仏するのです。「一つ積んでは父のため、二つ積んでは母のため、三つ積んでは兄弟姉妹のため」という『水子地蔵和讃』というのがあります。そして、最後に石を積み終わって、ここで成仏するのです。ところが、これを鬼が壊していくのです。鬼が出てきます、この賽の河原に。でも、かわいそうに水子はまた一つずつ積んでいく。ですから、日本中のいろんなところに賽の河原とかがあり、そこには、必ず石が積んであります。

この話をしたら、山岳部の人が「ケルンと関係ありますか？」と質問がありました。確かに、山の頂上とかにもいっぱいあったりしますが、確かに、墓標の意味もあるようです、世界の人々のいろんな営みの中でそういうものが生まれたのかなと思います。

話を戻します。水子が積んだ石を、鬼が壊していくのです。かわいそうに水子は成仏できない……。ここで、皆さん、気を付けてください（笑）。

インチキ霊能者は「あなたの背中には水子の霊が……」って始めるのです。そうすると、大体どのご家族にも、ご親戚でお一人流産したとか、兄弟姉妹でとか、おばあちゃんの代でとか、流産したとかがある方がいらっしゃるのです。すると、「あなたの背中には、その水子の霊が」と。「その子の供養をしていますか?」と言われると、おばあちゃんのその代までの、そこまでの供養はしてない。すると、「それが、たたりの原因です」「そのためにはこの壺を買いなさい」と来るわけです（笑）。そして「まだ効かないですか? では、この高いほうの壺を買いなさい」と、インチキ霊感商法です。そういうところでだまされないようにしてください（笑）。

そういう話があったら、まずは住職さんに質問してください。お寺は、みなさんのいろいろな支えになっているのです。「こういうふうに言われた。水子の霊とか言われたけれども、どうなんですか?」と。それぞれ住職さんたちが、これはこういうことですよと、きちんと説明してくださいます。もし、私に相談されたら「その水子さんは、みんな阿弥陀さまに救われて成仏しているから、心配いらない」「供養なんか要らない」「心配でしたら、一緒にお経をあげましょうか」と言います。いろんな考え方がありますから、住職さんに聞いてください。そういうインチキ宗教（霊感商法）にだまされないように、正しい仏教に帰依してください。それにはお寺に通って住職さんたちといろんなお話をして、法話を聞いて自分の見方をきちっとしなきゃいけないということです。いいですか、だまされないでくださいね（笑）。

さて、水子はここで成仏したいんですが、できない。どうするのかというと、ここに出てくるのがお地蔵さまです。「六地蔵」とか「六笠地蔵」という絵本もありますが。お地蔵さまが出てきて守ってくれるのです。各地に、「子育て地蔵」とか「水子地蔵」がまつられています。よく六体のお地蔵さまが、六人並んでいらっしゃいますが、これ六道（輪廻）どこにでも出てきてくださるからなんです。六道である、地獄、餓鬼、畜生、修羅、人間界、天上界どこにでも出てきて救ってくださるので、六地蔵。

では、大人はどうなるのかといいますと……亡くなった方は、川の淵まで来ます。なんと！ここに来るまでに七日かかるのです。それで、「初七日」の法要です。ここで、さっきの絵本にも出てきますが、おばあさんとおじいさんが待っているのです。その名を「奪衣婆《だつえば》」といって、おばあさんが待ってるんです。それから、そこにおじいさんも居まして「懸衣翁《けんえおう》」と言います。おじいさんとおばあさんがここで待っているんです。そこで、どうなるのか？　おばあさんが、亡くなった人の着てる衣《ころも》を奪うんです。そして、おじいさんが、その奪った衣を樹《き》に掛けるんです。われわれ僧侶が着てるこれ白衣《はくえ》っていいますが、昔はこれにお経文《きょうもん》が書いてあったのですね、「経帷子《きょうかたびら》」といい「死に装束」なのです。お坊さんは、もういつ死んでもいいと覚悟ができているからと、これを着ているのです。私は、なかなかまだ覚悟できていませんが（笑）、これは、いつ死んでもいいっていう「死に装束《しょうぞく》」を着ているのです。亡くなった人にそれを着せて送るでしょう。浄土真宗ではやりませんが、手甲《てっこう》、脚絆《きゃはん》をつけたり、杖《つえ》をもたせたり、冥土（三途）の川の渡し賃と言って「六文銭」を棺に入れる地方もあります。各地でいろいろな死者儀礼、習俗があります。

そういう習俗、死者儀礼の例外は、浄土真宗です。真宗の考え方は、亡き方は、仏さまで「死んだら仏」ですから、基本的に葬儀で旅支度などしません。逆に、故人が高齢でなくても、お赤飯を炊く地方もあります。仏さまに成られて、よかったと考えるからでしょう。

続けます。死に装束を、ここで脱がされる、奪われるのです。そして、この奪った衣をおじいさんが木に掛けるのです。「衣領樹《えりょうじゅ》」という木があって、そこに衣を掛けます。衣領樹に掛けると、その枝がブーンと重みでしなります。これは、生前の業《ごう》＝行いの重さなのです。業とは、自業自得の業。その人の業の深さがここで分かるのです。いい人か悪い人だったか、分かるのです。悪かった人は、上流の深いほうを渡らされるのです。深い方ですから、川を渡っていくのは大変なんです、ヘビも出てきたりして、溺れちゃうわけです。死にそうにつらいのですけど死んでるから、死ねない（笑）。苦しい思いをして渡っていくわけです。そして、次の人は、さっきの人よりは悪くない、生前の業は少し軽いようだ。業というのは、三業といいまして、三つあるのです。身口意《しんくい》の三業といって、「身」は、体で行った行為、暴力行為など。「口」は、口から出た言葉で「おまえなんか死んじゃえ」とか「ばか」とか、口で行った行為。そして「意」は、心で思ったこと「あんなやつ死ねばいいのに」とか、心で思い浮かんだことが、行為、行いで三業なのです。体で行った行為、言葉の暴力、心の中でなんか悪いことを考えた、そういう事が全部ばれる。だから、生きてるときに少しでもいいことをしなさいという教育、教訓話でもあったのです。だから、そういうところから、「うそをつくと、閻魔さまに舌を抜かれるぞ」ってのも出て来るわけです。

そして、私も死にます。「ああ言えば、ジョーユー⁉　こいつは相当悪いだろう」と思ったら、私の衣は、衣領樹の枝で、羽衣のように舞っていて、「あら、この人いいお坊さんだった」っていうのが、ここで分かるんです、死んでから（笑）。「じゃ、あなたは、橋を渡っていい！」と、その川には、橋があって、そこの橋を渡って行くのです。「あ、そこの人！　ヘビが居ますよ！

気を付けて！」なんて、深いところを渡っている人に声をかけたりしながら（笑）。こんな風に、死後の川を渡るのです。その川には、このように、三つの渡り方があるわけです。三つの道（途《みち》）の川、それで「三途の川」っていうのです。ま、私の宗派、浄土真宗は、三途の川は渡りませんから、死んだ瞬間「往生即成仏《おうじょうそくじょうぶつ》」といって、私がここでバタって死ぬでしょう。すると、すぐ即《そく》、極楽浄土へ行っちゃうんです、三途の川は渡らないのです（笑）。

話を戻します。亡くなって七日目の初七日で分かれ道に立ったわけです。三つのどの道か、船で行く人もいるのでしょうか。ここで、分かれ道に立ったときに聞こえてくるのが初七日のお経。ありがたいお経が、その人のために聞こえてくる。そうすると、このおじいさんとおばあさんも、「本当は深い方なんだけど、あなたのために有り難いお経が聞こえてきてるから、じゃあ浅い方へ行っていい」とか、「じゃあ、橋を渡っていい」と。つまり、それが「冥福を祈る」ってことなのでしょうね。「ご冥福をお祈りします」って弔電やら弔辞であります。冥福とは「冥土の幸福」です、暗いところ冥土の幸福。あの世の幸せを祈ります、ご冥福をお祈りいたしますと。亡くなるまで、病気で大変だったり、人生、いろいろ苦労したけれど、死んだ後は楽に行ってほしいと祈る。だから、みんなでお経上げたり、応援してるわけでしょう。お経は応援歌なんでしょうか（笑）。「頑張れ、おじいさん。深い方じゃなくて浅い方へ」、「浅い方じゃなくて、橋を」って。そして、応援だけじゃ駄目だから、うわさもするんです、聞こえるように。なんて噂するか。「おじいさんいい人だった」「こんなことしてくれた、あんなこと言ってくれた」とかね。それが聞こえるわけです。「死人の悪口を言っちゃいけない」って昔から言い伝えがあるのです。

これって、聞こえたらいけないからでしょう。「いい人だった」「こんなお世話になった」という噂が聞こえて、楽に渡っていってほしいと冥福を祈って。真宗では、先ほどの理由で、冥福は祈りませんが。

これは、初七日。続いて、二・七日、三・七日、四・七日、五・七日。このように七の日ごとに、いわば関所があるのです。裁判されるのです。人間の世界は「三審制」といって地方裁判所、高等裁判所、最高裁判所と、三回裁判が受けられますが、死後の世界はもうこの辺りまでで五番目。五回裁判が受けられる。そしてこの五番目に出てくるのが閻魔《えんま》大王です。

閻魔さまが閻魔帳を持って待っているのです。閻魔さまがそれ持って「○○君か。おまえは、生前中いろいろと事業をしたり、頑張った。が、こんなことをしただろう」なんて、悪事がバレちゃうのです。「やってません、やってません」とかと、嘘をつくと、閻魔さまに舌を抜かれる（笑）。昔は、こういうことを子どもたちに教えていたのです。これが大事な教育だった

のです。閻魔さまのあの顔、コワいですね。そして、この後、六人目、そして向こう岸に着いたところで七人目の裁判官が出てきて、七かける七で七・七日忌、四十九日なんです。三途の川を渡りきるまでに四十九日かかるわけです。

だからそこまでは、お香典に書くのが「ご霊前」。でも四十九日法要からは「ご仏前」で包むんだと。一般的な話です。真宗では亡くなったときから「ご仏前」が正式です、バタッと死んでも、すぐ成仏しちゃっていますから、最初から「ご仏前」なんですが、ほかの宗派は大体、お通夜お葬式この四十九日の前までは「ご霊前」と決まっています。

さて、このお話は誰が見てきたのか。誰が言ったのか？　お釈迦さまでしょうか？　実はいろいろなお経があるのですが、私がもとにしてるのは

『地蔵菩薩発心因縁十王経』というお経です。いろいろな十人の王（大王）裁判官が出てきて死後に裁判する。だからその五番目が閻魔大王。そして四十九日かけて、彼《か》の岸、彼岸に着いて、ここまでだと七人です。この後また出てきます、あと三人。八人目が百か日、九人目が一周忌。そして、十人目が三回忌。ということは、この十人の裁判官が出てくる死後の裁判というのは、まる二年かかるのです。このお話は、誰が言ったのか？　このお経は「仏説」ってついていたりするんです。でも、このお話は嘘、偽りなのです。お釈迦さまは、そういうことをおっしゃっていない。それで、このお経は「偽経」と言われています。疑いという字で「疑経」でもいいのですが。つまり、お釈迦さまはこんなことはおっしゃっていないから、偽経で、仏教じゃない。偽経は他にもあります。もっとも有名な偽経は、『盂蘭盆経《うらぼん》』といってお盆のお経。これも偽経なのです、これも「仏説」ってついていたりするんですが、実は中国で生まれたお経といわれています。

さっきの話ですね。玄奘三蔵、三蔵法師さまがインドへ行ってありがたいお経をもらって帰ってきた。そして、日本のお坊さんが、最澄さんだったり空海さんだったり、中国に行ってありがたいお経をもらって帰ってきた。どれがありがたいのか、なんだか分かんないうちにいっぱい日本に伝わった、来ちゃったわけです。この『十王経』も、それからお盆の『盂蘭盆経』も、中国で生まれたお経。インドにはこのお経はないといわれているのです。だから偽経といわれているのですが。この十王経に関していえば死者儀礼です。亡くなった人をこういうふうに送っていこうと。そして、なおかつ、子どもたちにもそういう教育をしていこうという、絵本にもなっているわけです。

2 迷いから悟りへ

というように私は、何が言いたかったのか。つまり、これは本当のお釈迦さまのお経かどうかは分からないけれども、こういう教えが現代にまで伝わるということは、やはり子どもたちにいい意味の教育になっていくからではないでしょうか。ただ脅《おど》かしているだけじゃないのです。そこにちゃんと仏さまの教えをもとに子どもたちに教えを伝えていっているわけです。

では、本当のお話をします。ここまでは、うそのお話（笑）？「偽経」だったわけですけど（笑）。この此岸《しがん》というのをサンスクリット語では「サハー」といい、向こうの彼岸のことを、「パーラム」っていいます。「サハー」を音写しますと「娑婆《しゃば》」になります。「しゃば」って聞いたことありますね。やくざの親分さんが刑務所から出てくる。すると子分が迎えに来ていて「親分さん。お勤め、ご苦労さんでございました。一服どうぞ」「おう、お迎えご苦労さん」とたばこを一服つけて、何て言いますか。「娑婆の空気はうめえなァ」と、こう言うのです（笑）。刑務所の中は娑婆じゃなかったんです。では、「娑婆」って意訳したら何なのか？意訳は「忍土《にんど》」っていうのです。忍土、聞いたことないですね。「忍者」なら、聞いたことある？

子どもたちが遊ぶ「粘土《ねんど》」とかも聞いたことあるけど、「忍土」って聞いたことないですね。これにね「堪」をつけます。「堪・忍土」。「堪忍《かんにん》してや！」と言います、これは「堪え忍ぶ場所」という意味。土と言うのは、浄土とか国土とか、そういう「場所」「世界」っていう意味です。つまり、此岸＝サハー＝娑婆＝この世＝人生、これ全部イコールです。こうすると仏教が分かってくるのです。この世は、堪《た》え忍《しの》ばなければいけない場所、人生なのです。ここから仏教の話がやっと始まります（笑）。

なぜ、堪え忍ばなければいけないのか。これは「一切皆苦《いっさいかいく》」という、この世の真実だからです。一切皆苦、すべてが苦しみだというのがお坊さんの説法の最初です。先ほど「三法印」とか「四法印」といいました。「諸行無常」常なるものはない。私の髪の毛のように、すぐにこうやって薄くなっていく諸行無常（笑）。「諸法無我」すべてのものには実体はないのだ。今、仮にそういう姿、形になっているだけだ。だから、思い通りにならず「一切皆苦」という、すべては苦しみなのだ。そして「涅槃寂静《ねはんじゃくじょう》」という平和な安穏な世界を目指すのだ！　という「四法印」が、仏教の教えの真実。これ旗印で、仏教の真実という意味です。

なんで苦しいのか？　仏教は「苦しい、苦しい」とか「堪えろ、耐えろ」とかいって暗い宗教だとよくいわれます。その点、キリスト教は明るいです。「メリークリスマス！」とか言って、メルヘンチック。もう小さいころからクリスマスプレゼントなんかもらっていますから。この風習も実は、昭和三十六年の高度経済成長期頃からです。戦前はごく一部の家庭のものでした。「ものを買え、買ったら捨てろ！」使い捨て、使い捨て。どんどん使え、どんどん捨てろ！　これが経済成長。小さいころからクリスマスプレゼントだ、サンタさんが来るかな？　なんてこれ、高度経済成長に乗せられてしまったのです。それまでクリスマスなんてやってないのです、日本は。クリスマスは明るいけど、仏教は暗い。とんでもない。仏教も明るいのです、私のように（笑）。

それで、なんで「一切皆苦」で、苦しいのかは理由があります。仏教の考え方は、すべて因縁生起で、縁起説。原因、理由があります。それは「煩悩」なのです。煩悩があるから苦しいのです。ところで、煩悩って幾つあるのか。除夜の鐘ではありませんが、百八つもあるのです。この「一〇八」っていう数字、定説がなくて諸説あり、この数字は難しいのです。そしたら、私の師匠・花山勝友先生がうまいこと言いました。世の中はすべて四苦八苦。四×九＝三十六、八×九＝七十二。足せば百八つの煩悩と（笑）。分かったような分かんないような、話でありますが、分かりやすいです。煩悩というのは身を煩《わずら》わせ、心を悩ますもの、本能といってもいいですし、欲望と言ってもいいですが、人生、煩悩だらけ。煩悩があるがために四苦八苦という人生になる。四苦八苦というのは生老病死の四苦。生まれて、老いて、病いになって、死んでいく苦しみ。生まれてから死ぬまで、ずっと人生は苦しい。そして、あと四つあります。「愛別離苦《あいべつりく》、怨憎会苦《おんぞうえく》、求不得苦《ぐふとくく》、五蘊《ごうん》（陰）盛苦《じょうく》」といって、愛するものと別れたり離れたりする苦しみというのが五番目。六番目は、逆に、会いたくない人と会わなければいけない怨憎会苦。七番目は、求めているものが手に入らない苦しみ。そして、「五陰」という、体と心の構成要素が元気になり過ぎるという苦しみ。つまり、人生は最初の四つのように、生まれてから死ぬまで苦しい。そして、残りの五番目から八番目までのように、毎日毎日が苦しいというのが四苦八苦の人生ということです。

それはなぜ苦しいのか。実は、この苦しみというのは、サンスクリット語で「ドゥフカ」と言い、意味は「思い通りにならない」ということと言われます。で、その煩悩というのは、物事や相手を、思いどおりにしたいから苦しみが生まれるという論理、縁起、お釈迦さまの教えであります。愛するものとはいつも一緒にいたい、孫とはいつも一緒にいたいけれども孫は帰ってしまう。若い人たちならば、恋人同士はいつも一緒にいたいのだけれども離れなければならない。会いたくない人には会いたくないのだけれども、会社で、学校で、お寺で（笑）、会ってしまいます。手に入れたいものは、なかなか手に入らない、というように、思い通りにしたいのだけれども、思い通りにならないというのが苦しみであります。ですから、その苦しみ＝思い通りにしたいという煩悩を捨てなさい、置いていきなさい、喜んで置いて捨てて行きなさい、つまり、これが「喜捨」です。そうすると肩の荷が下りるのです。「コレ、どうしよう、どうしよう」と悩む、置いていけば楽になるのです。これが救い。持ってるから、思い通りにしたい。もっと欲しいとかいう「執着《しゅうじゃく》」、とらわれを捨てるのです。捨てていけばいいのです。人間、いろいろ持っていますから、これが、なかなか捨てられない。

もう一度、整理します。人生というのは「娑婆」であって、堪え忍ばなければいけない「忍土」で、それは思いどおりにしたいという煩悩があって苦しみが生まれる。その煩悩を捨てていけばいいのですよというお話。そして、そういう迷い、苦しみの世界から、パーラムという「彼岸」そして、仏の悟りの世界、それをサンスクリット語で「ニルヴァーナ」「涅槃《ねはん》」という、平和な安穏な世界（浄土教では「極楽浄土」阿弥陀さまの世界）に行きたい。「行く」という

のを「イタ」と言って、サンスクリット語で渡るという意味。川を渡るときには水を渡りますから、「渡」というように「さんずい」がつくんですが、現実の苦しみのこの娑婆の世界から悟りの世界に渡るというのは、別に川ではないですから、さんずいは要《い》らないのです、「度」でいいのです。ですから、お坊さんになるときは「得度」といいます。「度」というのは渡るという意味であります。それを「パーラムにイタする」というパーラムイタが、パーラミタになる。パーラミタ、音写して「波羅蜜多」……『仏説摩訶般若波羅蜜多心経』、『般若心経』になるわけです。悟りの世界に渡る「波羅蜜多」には、六つの修行徳目、「六波羅蜜《ろくはらみつ》」があります。「六波羅蜜」は、布施《ふせ》、持戒《じかい》、忍辱《にんにく》、精進《しょうじん》、禅定《ぜんじょう》、智慧《ちえ》という六つです。お彼岸は「到

彼岸」＝波羅蜜多で、「暑さ寒さも彼岸まで」という暑くもなく寒くもないときの一週間ぐらいは、悟りの世界に渡る、彼岸に渡るための修行をしましょうというのがお彼岸の意味です。お彼岸というのはここから来ているのです。だから、一週間あって一日目には布施行《ふせぎょう》、とらわれを捨て、施しをする。二日目には持戒、戒律を守って生活しよう。三日目には忍辱、堪え忍ぶ生活、我慢をしよう。お中日は全部。そして、五日目は精進、努力をしよう。六日目は禅定、心を安定させよう。最後、七日目は、智慧を獲得しよう、前者の五つを実践して、智慧が完成すれば、悟りの境地、仏さまに成れる（近づく）という一週間です。暑さ寒さも彼岸までのそういう季節の良い時に、せめて一週間は修行をしましょうというのが、お彼岸の本来の意味です。

最初がまず「布施」です。「出たよ！　坊さんはすぐお布施という」（笑）。でも、これで意味が分かりましたね。お坊さんのために布施してるのじゃないですね、自分のためです。自分が悟りを開いて、悟りの世界、仏さまの世界に近づくために、まずはいろいろなものを捨てていくっていうこと。例えば、お米がとれた、おいしい大根がとれたとかいうと、まずお寺に持って行く。住職さんに食べてもらうためじゃないのです。仏さまにお供えをして、お布施をして、私の修行をさせていただきますということであります。本来の意味はそういうことです、布施というのは喜捨、喜んで捨てる。私の修行であります。布施から始まる修行が基本になるわけです。

私たちは、今どこにいるか、どこに向かって歩いているのか不明のいわば「迷子《まいご》」の状態です。迷子は、現在地不明が大きな原因です。仏教では、そういう状態を「迷《まよ》い」と言います。その私たちが、仏さまの道案内で、悟りの世界へ進んで往《ゆ》く「波羅蜜多」の生き方です。それが、「迷いから悟りへ」であり、仏道を歩むという生き方に恵まれるのです。

3　持ちつ持たれつ

ところで、経題、タイトルはわかりましたが、『般若心経』には何が書いてあるのでしょうか？　それは、「空《くう》」が説かれているといいます。私の宗派、浄土真宗では、般若心経は、読誦しませんので、専門ではありませんが、師匠の花山先生がよく、おっしゃっていました。「空」というのは、英語で言う「nothing（ナッシング）」とか「empty（エンプティ）」ではありません。ナッシングというとゼロ、エンプティというと空《から》っぽですが、そうではなく、relativity（レラティィビティ）です。これは「関係性、関連性」という意味であります。空というのは関係性。「男と女も空」なんです。他にも「親と子も空」なのです。その経文が「色即是空《しきそくぜくう》、空即是色《くうそくぜしき》」

です。しかし、わけ分かんないですね。色というのは簡単にいうと存在する、あるゆるものです。「あらゆるものはないんだ」しかし、「ないようだけどある」って。何を言ってるか全然分からない。ちんぷん漢文（笑）。このように、仏教、お経は、難しいんです。でも考えてみると、子どもが生まれてくれたから、親になれたんです。だから子どもがいるから親になれたわけで、子どもがいなかったら親になれないわけです。あるようでない、ないようであるんです。分かりますか（笑）？

もっと分かりやすく説明しましょう。ドーナツの穴です。ドーナツの穴って、あるようでない、ないようである。ドーナツのパンの部分があるから、穴もあるのです。でも「穴」ってないですよね、空間でなんにも。あるようでない、ないようであるって、これドーナツの穴が分かりやすいです。それも「空《くう》」って言って、パンとの関係性で、穴は存在します。ですから、社長と社員も「空」です。お寺と住職だって「空」です。お寺があるから住職さんなのです、住職さんがいるからやっぱりお寺なのです。そういうのを「持ちつ持たれつ」と言います。夫婦もそう。お父さんとお母さんがいて、夫婦。どちらかだけでは夫婦になれない。親子もそう！あらゆるものが「空」レラティビティ、関係性であります。だから持ちつ持たれつという考え方が大事なのです。持ちつ持たれつというと悪いイメージで使われますが、そうじゃない。い

い意味での依存関係、それが「お互いさま」です。持ちつ持たれつで支え合って生きていくという、これがお釈迦さまの教えです。

というように『般若心経』というのは、経題」タイトルだけでもありがたい。この煩悩だらけの私が、悟りの世界に渡っていく。そして、智慧＝般若が大切なのです。智慧というのはさっき言った「できる」ようになることではないのです。もちろん、それには知識も大切で「できる」ことも重要ですが、智慧の眼で「分かる」ようになる。物事、真実が見えてくることが悟りであります。これは、大人にならないとわからないのです。皆さんのように人生の達人《たつじん》、人生の山あり谷ありを越してくると、何が大事で何が大事じゃないかっていうことが分かってくるのです。人生修行を皆さんしてきたから、ものが見えてきた。だから、もし子育てには失敗したとしても、その分、やはり、お孫さんにいろいろな教えを伝えていく。これが、皆さんのこれからの大事な、まだまだやらなければならない役割、おつとめです。まだまだ、仕事が残っています。「そうか！

自分自身のしあわせもそうだけれども、子や孫にしあわせに生きていってほしい」と。それにはお釈迦さまの教えをベース、支え、基本の案内にして、死後の世界も含めて、皆さま自身の言葉でお子さんやお孫さんに話を伝えていっていただきたいのです。

五、おかげさまの心で

1　おかげさまの心

ここで、例話を一つお話しします。どこへ行っても、初回にご紹介しています。それは、「卒業生からの手紙」というお話です。これは、宗教で最も大切な「回心《えしん》」のお話です。あらゆる宗教に、この回心（えしん、またはかいしん）というのがあります。宗教というのは、特に教祖さまになるような人には、必ず何か「ガーン」と雷に打たれるような瞬間、出来事があったりします。それが回心で、仏教では「えしん」と読みます。英語ではコンバージョン。宗教用語です。

野球では、一定の期間、あるポジション専門でプレーしてきた選手が、チーム事情や選手の守備力などを考慮して、新しいシーズンから別のポジションに変わることがあります。それを「コンバートする」といいます。実は、これが悟りになるのです。

さて、「卒業生からの手紙」、これは、あるお寺の三分間テレホン法話で聞いたお話です。

ある女子学園の園長先生に、一人の卒業生が手紙をくれました。

「校長先生、その後お変わりありませんか。私は校長先生にどうしても聞いていただきたいことがありましたので筆をとりました。校長先生は卒業式の時に、「皆さんはこの卒業証書を家に持って帰って、お父さんお母さんの前に置いて、ありがとうございましたとひと言《こと》お礼が言えなかったならば、その卒業証書は何の値打ちもありません。紙くずであります」とおっしゃいました。

私は聞きながら、せっかくの卒業証書を紙くずにしては情けないことであり、ひと言お礼を言おうと思いました。しかし、日々の日暮しを振り返ってみると、そんな殊勝なことをまだ一ぺんも言ったことがありません。また、そんなことを言えば、父は「いつもと違うじゃないか。雨が降るよ」と冷やかしそうです。どのようにお礼を言おうかと考えながら帰りました。

母は「お帰り、卒業おめでとう」と言ってくれましたが、そんなことは耳に入らず、黙ってつかつかと中へ入っていきました。母は心配そうに後ろからついてきました。

父は帰っておりました。父の部屋に入り、座って卒業証書を置き、ありがとうございましたと言おうと思うのですが、照れくさくて言えません。しかし、校長先生の言葉に励まされて、下を向いたままではありましたが、とにかく、「ありがとうございました」と言

ったのです。そろそろ雪が降るぞと父の冷やかす声が出る頃なのに、その日は何故かいくら待っても冷やかす言葉が出てきません。変だなと思いながら下からチラッと父の顔を見ました。父の目には涙がいっぱい浮かんでおりました。そして、たったひと言、「ご苦労じゃったね」と言うのです。母のほうを見ると、母は耐えきれなくなって目からぽとぽと涙をこぼしているのでした。

ここまででもいい話です。しかし、ここまででは、ただの倫理道徳、一般の教育の世界の話でしかないのです。「感謝をしましょう」とか、「お父さんお母さん、ありがとう」って大事な教育で、普通に言われていることです。でも、宗教教育、宗教的体験（回心）の本当は、ここからなんです。

私はハッと気づきました。この卒業証書は、私が勉強をして私が努力をして私がもらったものとばかり思っておりましたが、とんでもない大間違いだったのです。この卒業証書は、本当は父や母が受けとるべきものでした。私は初めて、親心に会った思いがしました。現在、親元を離れて暮らしておりますが、いつも父や母のほうに向かって手を合わせております。

と、これだけのお話なのですが。確かに、この卒業証書は、この子自身の努力で、自分の力でもらった卒業証書であります。この子が、頑張ったのです。雨の日も風の日も、期末試験や中間試験、体調の悪いときも頑張って、頑張って、この子がもらった卒業証書であります。しかし、その陰でお父さんが授業料を払ってくれていたのです。お母さんが洗濯してくれたり、お弁当を作ってくれたり、朝、起こしてくれたり、支えてくれていたのです。その「親心」に気が付いた。でもそれは見えない。おかげさまに、気がついたのです。

仏さまもそうです。見えない。だから、「かげ」なんです。だから、「さま」までついているのです。「お」もついています。かげというのは、色もなく形もなく見えないから、かげ。ご先祖のおかげで。仏さまのおかげで。お大師さまのおかげで。そういう、全てを含めて、おかげさま。そこに親心、仏さまのメッセージ、はたらきがあったのです。この子は、「ご苦労じゃったね」という父親のメッセージで回心したのです。

父親のメッセージは、仏さまのメッセージと考えてよいのであります。それがお経であり、同行二人。お大師さまが、仏さまが、あなたと二人で、あなたのそばにいつもいるんだよ。仏さまがいつも一緒。大切なのは、あの亡き人が風となって、お花となって、いつも私のそばにいてくれていると思えるか、思えないかなのです。首から上の理性じゃないのです。そういうふうに、ふっと「おかげさまで」と思えるか思えないか。そうすると、「オレがオレがの我を捨てて、おかげおかげのげで暮らせ」という気持ちになる。この子は、大変な宗教的な体験をしたということであります。

それは、ハッと「気付いた」ということです。これを別の言葉で言うと、ハッと「目覚めた」。別の言葉で言うと、ハッと「悟った」のです。これらは、全部同じ意味の言葉。悟りとは、気付き、目覚めであります。目覚め体験です。目覚めた人を「仏陀」っていうのでした。この子は、父親の言葉で悟ったのです。

このような体験をするには、お寺に行く、説法を聞く、お経を読んでみる、お遍路に行ってみる。こういう説法を聞くと、「なるほど、そうか」と思い当たる。「人は、悲しみが多いほど、人には優しくできる」と、金八先生の歌『贈る言葉』にもあります。あの苦労も無駄ではなかったのだな。私が道を見つける、本当の生き方を見つける、そのためだったのだな。全ては無駄ではなかったのだと思えたら、私はしあわせだ。そういう出会い、人生の歩みに恵まれるのです。

こんな詩を見つけました、小学生だって悟っています。

『運動場』
「せまいなせまいな」といって
みんな遊んでいる
朝会のとき石をひろわされると
「ひろいなひろいな」といってひろっている
（松原泰道『仏教入門』祥伝社黄金文庫）

運動場で朝、みんな遊んでいます。鬼ごっこやったり、サッカーや野球やったり。もう、狭い、狭い、ぶつかっちゃって。「せまいな、せまいな」と言って遊んでいる。朝礼のとき、みんな一列に並んで「石を拾《ひろ》え」と言われる。「腰が痛いな」なんて言いながら拾っているのです、小学生が（笑）。「まだ半分以上あるよ。広いな」と。さっきまで、運動場が狭い狭いと言っていたのに、今度は何かやれと言われると、広くなっちゃう。運動場は、広くなったり狭くなったりしないのです。これが煩悩です。遊んでいるときは狭い。石を拾えなんて言われると嫌だから、「こんなに広かったっけ」っていう話になる。

この「運動場」を「人生」に置き換えてください。嫌だ、嫌だというのも人生。「何で私だけが」とか、愚痴をこぼして生きるのも人生。でも、「おかげさまで」「ありがとうございます」と、生きていくのも人生。あなたはどちらがいいですか？　感謝、感謝の毎日なんて、なかなかできません。なかなかできないけれども、こういう話を聞いていれば、何かあったときに、「おかげさまで」「ありがとうございます」という感謝の生き方ができます。

おかげさまというのは感謝。感謝というのは、「謝らなきゃいけないと感じる」という漢字です。オレがオレがだったな、そうじゃなかった。謝らなければいけない。自分が思い上がっておりましたと頭が下がる。いやいやで頭を「下げる」のと違い、自然と頭が下がるのです。

実は、これが素直な心、仏さまの教えに出会っていると、素直になれるのです。頭を下げるというと、何か嫌々下げているみたいですけど、頭が下がる。謝らなきゃいけないと感じる。回心しているのです。何となく、私が言いたい「悟り」（＝気づき＝目覚め）を分かっていただけましたか？

皆さんとのこの出会いも「一期一会」。そうなのです。また、会おうと思っても、「残念ながら、浄友さん、あっちの世界へ六十歳を前に、往《い》っちゃいました」なんて。みんな病気を持っているのです、色んな病気を。ですから、「残念ながら、亡くなったんですよ」と、こういう話はよくあるのです。だから、今日のような出会いを一期一会っていうんです。

この言葉は、お経、経典には、ない言葉と言われていますが、仏教の時間軸というのは、今しかないのです。それからいうと、過去もないのです。未来もないのです。今しかない。今という時間が大切であります。だから、「ご縁を大切に」というのは、いつ死んでもいいという「出会い」この時間、空間、一期一会を大切に生きようということであります。

2　一期一会

ここでちょっとお連れ合いを亡くしてらっしゃる方、手を上げていただけますか。ご主人さまだったり奥さまだったり。もう三分の一ぐらいの方がいらっしゃいますね。その方のために今日特別に詩を用意してまいりました。これをそういう方のためにも、またそれ以外の方のためにも紹介します。『最後だとわかっていたなら』。これは朝日新聞や読売新聞でも話題になった詩です。

あなたが眠りにつくのを見るのが最後だとわかっていたら
わたしはもっとちゃんとカバーをかけて
神様にその魂を守ってくださるように祈っただろう
あなたがドアを出て行くのを見るのが最後だとわかっていたら
わたしはあなたを抱きしめてキスをして
そしてまたもう一度呼び寄せて抱きしめただろう
あなたが喜びに満ちた声をあげるのを聞くのが最後だとわかっていたら
わたしはその一部始終をビデオにとって毎日繰り返し見ただろう
あなたは言わなくてもわかってくれていたかもしれないけれど

最後だとわかっていたら
一言だけでもいい「あなたを愛してる」とわ
たしは伝えただろう
たしかにいつも明日はやってくる
でももしそれがわたしの勘違いで今日で全て
が終わるのだとしたら
わたしは今日どんなにあなたを愛しているか
伝えたい
そしてわたしたちは忘れないようにしたい
若い人にも年老いた人にも明日は誰にも約束
されていないのだということを
愛する人を抱きしめられるのは今日が最後に
なるかもしれないことを
明日がくるのを待っているなら今日でもいい
はず

もし明日がこないとしたら
あなたは今日を後悔するだろうから
微笑みや抱擁やキスをするためのほんのちょっとの時間を
どうして惜しんだのかと
忙しさを理由にその人の最後の願いとなってしまったことを
どうしてしてあげられなかったのかと
だから今日あなたの大切な人たちをしっかりと抱きしめよう
そしてその人を愛していることを
いつでもいつまでも大切な存在だということをそっと伝えよう
「ごめんね」や「許してね」や「ありがとう」や「気にしないで」を
伝える時を持とう
そうすればもし明日が来ないとしても　あなたは今日を後悔しないだろうから
（『最後だとわかっていたなら』ノーマ・コーネット・マレック作、佐川睦訳　サンクチュアリ出版）

非常に重い詩であります。これはアメリカ人のノーマ・コーネット・マレックさんという、十歳の長男を水の事故で亡くしたお母さんの詩です。これが二〇〇一年九月十一日のアメリカ同時多発テロ以来、非常に話題になっているのですが、内容はとても仏教的です。仏教というのは「今を大切に」。「今でしょ！」という予備校の先生の言葉がありましたけれども（笑）。そうなんです。今を大切に生きるということが、明日にもつながりますし、それがまた過去にもなっていくのです。仏教の時間軸というのは今しかないのです。今を大切に生きていくのが、おかげさま。不平不満を持って「嫌だ、いやだ、こんな世の中、嫌だ。こんな時代は、嫌だ」と、不平不満を言って生きていくのも一生。「おかげさまで、ありがとう」「あなたに会えてよかった」と言って、感謝を持って生きていくのも一生。あなたはどちらを選びますか。

愛する人との今日が最後かもしれない。それはお連れ合いだけではなく、親子兄弟友人知人いろんな人との出会いも同じですね。一期一会の精神です。今日はこの詩を皆さんにプレゼント致します。

3　一蓮托生、倶会一処

さきほど、往生という話をしましたが、この中でお連れ合いを亡くされた方、失礼ですが、ちょっと手をあげてくださいますか？　お連れ合い、ご主人さま、奥さまを亡くされた方。三分の一ぐらい、いらっしゃいますね。「二世《にせい》の契《ちぎ》り」という言葉があります。聞いたことありますか？　二世は、この世とあの世、現世と来世のことです。これ、昔、結婚式でよく言われたそうです。「星の数ほどいる男と女の中で、今日、二人は結婚の契りを結んだ。この契りは、この世だけではない。あの世でもまた出会う契りだよ」と。どちらかが先に往ってしまっても、残された方もいずれ往って向こうでまた夫婦になるんだと。

この話は、被災地のボランティアに行っているところでも、もう何度も話しました。あるとき、一番前に座っている奥さまが、「私は、会いたくない」と言うのです（笑）。「どうしてですか」って聞いたら、「最後が酷《ひど》かった」。酒乱で、今でいうDV、ドメスティック・バイオレンスで、「家の中で暴れて、もう逝ってくれて清々《せいせい》しているんだ」と。本当にそう言うんです（笑）。「いや、お母さん違うんです。向こうには、仏さまで往くのですよ。往生成仏といって、仏さまになってゆく。成仏するんですから。仏さまだから喧嘩しませんよ」と。「この世にいるときはオレがオレが、だから喧嘩するんですよ。どっちも正しいから喧嘩するんですから。向こうに行くと、仏さまの悟りの世界ですから、喧嘩しませんよ」と言っても、「会いたくない」と（笑）。

これで終わっちゃいましたけど。向こうで会えるのです。それでどういうふうに会えるのか。これ、私の専門です。

『仏説阿弥陀経』というお経には、極楽浄土というのは、落ちている石も柱も金銀瑠璃《きんぎんるり》、宝石でできていると書いてあるのです。そして、天からは綺麗な音楽も聞こえてくる。いい香りも漂ってくる。いろんな花が咲いている。一日に六回、雨でなく花びらが降ってくると、お経には書いてあります。「西方十万億の仏国土」西のほうの十万億のずっと向こうにあるんだ、誰もいって帰ってこない、よっぽどいいところなのでしょうか（笑）？　お経にはそう書いてある。これが方便です。そういうところだよと。証明できるようなものじゃない。科学の世界ではありませんから。そういう世界へ、あの人がそういうところへ往ったんだと思えれば、私も行くのだから、「また会おうね」と理解できれば、救われるのです。生きていけるのです。そういうふうに任せ（信じ）て生きていくのです。

そして、極楽浄土には蓮《はす》の葉っぱがある。その蓮の葉っぱの上で、半坐を分けてまた出会うという「二世の契り」なのです。ですから、亡きご主人、お連れ合いさまは、極楽浄土の蓮の葉っぱの上に往って生まれたのです。半坐を分けてまた出会うから、場所を半分空けて待っていてくれるのです。そこに、残されたお連れ合いさまも往って生まれるのです。極楽浄土には、こんな大きな車輪のような蓮の葉っぱがあって、そこで奥さまを待っている。ご主人、寂しがり屋だったから「早く来い」なんて言わないのです、薄情なのではありません。この世にいるときは寂しがり屋さんだったかもしれないけれども、向こうに往ったら仏さまですから。逆に、「俺の分まで長生きして、孫やひ孫の面倒を見て、それからいらっしゃい」と、願ってくださっている。

忘れもしません。二〇一一年三月十一日に津波が来て、その二週間後に岩手県大船渡市へ行きました。三月二十五日。春のお彼岸が終わって、新幹線も高速道もみんなダメで、行くのは大変だったのですが、何とか行きました。こういう体育館みたいな避難所で、「東京から心のケアボランティアで浄土真宗のお坊さんがいらしてくれています。何かお聞きになりたい方は何なりとお話をなさってください」と放送が流れて。市役所から前日に許可をもらって、たった一人で避難所をうろうろ歩いていると、一人のおばあさんが泣きながらやって来ました。「お坊さん、話を聞いてもらっていいですか?」。質問があるんですって泣きながら来た。「うちのお父さん、目の前で、津波で流されたんです。私は助かったんですが、お父さんは流されました」。そして「幸い……」というから助かったのかなと思ったら、「遺体は発見されました」。ああ、亡くなったんだ。そして、また「幸い……」っていうからどうしたかって思ったら、「お骨にすることもできました」と。「幸い」って二回おっしゃったのです。ああ、そうですかとしか、お返事しようがないです。「それで、どうしたんですか?」って訊いたら「お父さんは成仏したんでしょうか」って言うのです。「どうしてですか?」って訊くと、「お葬式をしてない。ここの避難所にお骨は持ってきちゃいけないって言うから、山の上の親戚に預けっ放しで、お経も上げてないし、拝んでもいない。お父さんは成仏したんでしょうか」と、泣きながらおっしゃるのです。

私は「自死・自殺に向き合う僧侶の会」というのにも参加していて、ご遺族、自死遺族に月に一回お会いするのですが、ご主人や奥さま、お子さん、兄弟、恋人を自死・自殺で亡くした人の会に参加しているのですが、一番多い質問が同じです。「うちの子どもは、あの人は成仏したのでしょうか。自殺をすると地獄に落ちるといわれていますが」と。皆さん、そう言うのです。そして、密かにお葬式をやったとか、自殺したってお坊さんにも言ってない。事故死でしたとか心臓発作でしたとか隠している。それで、「うちのあの人は成仏したんでしょうか」って、一番多い質問。各宗派の教学研究所で調べてもらいましたが、「どのお経にも、自殺をしたら地獄に落ちるとか、成仏できないというお経はない」。逆に、「短命だった、事故死だったということに関係なく、仏さまは、一切の隔《へだ》てなく救ってくれる。間違いなく成仏していますす」というのが答えなのです。

だから、そのお母さんに言いました。「自殺しても短命であっても、事故死であっても病死であっても、成仏していますよ」と。すると「そうですか」と、まず、少し明るい顔になりました。そして、今のこの話をしました。そして「向こうへ往って、お父さんから『いつまでも泣いていたな。そして、こっちにもう来たのか』と言われるのでなく、『ありがとう』って言われるようにこれから生きてほしいと思います」と、言いました。「それは、どういうことですか?」って言うから、「このあと半年か少しすれば、仮設住宅とかもできるでしょうからそこに入って」お子さんやお孫さんもいるっていうので「みんなで力を合わせて、もう一回家を建て直して、そして、大船渡の町の皆さんと力を合わせて町を復興して、それから、お父さんのところに往ってください」と。そうしたらお父さんが、「ああお前、女の力でよく頑張った。俺がやりたかったことを良くやってくれた。ずっと見守っていたぞ」と。お父さんと向こうで会ったときに、「もう来ちゃったのか」じゃなくて、「ありがとう、俺からもお礼を言うぞ」と言われるように、「お母さん、これから頑張ってほしいと思います」と言ったら、さらに明るい顔で「頑張ります」って言ってくれました。この話で、少しはこの人の力になれたかなと思いました。

でも、また質問が出るのです。「運命だったのでしょうか？」と。「運命は変えられるんですよ」と答えました。「仏教はすべてご縁なんです。ご縁で、お父さんは津波にのまれ、お母さんは助かったんですよ。お父さんは、亡くなるというご縁、条件が整っちゃったんです、残念ながら」。お父さんとお母さんは、一緒に逃げたんですよ、家から。一生懸命。「ほら、お父さん、津波、津波」って、逃げたのです。お父さんとの距離は五メートルって言っていましたけれど。「こっちの川のところから津波がブワッと来て、お父さんは目の前で流されちゃった。私はびしょびしょになったけど、ぎりぎりで助かった」と。これは運命でも宿命でもないです。ご縁。どういうご縁か。例えば、お父さん、タバコ吸ってたとかね、太ってたとか、足が悪いとかという条件。お母さんは「なんとか逃げたのに、お父さんは『もう走れない』って、立ち止まっちゃった」って。だから、足が悪かったか、肺が悪くて、タバコ吸ってたからとか。お母さん、頑張ってそこまで来たのに、お父さん来られなかったっていうことは、死ぬ条件が整っちゃったのです。何か足が悪かったとか、息切れしちゃってもう歩けないと。運命ではないのです。条件、環境、ご縁なのです。

だから、長生きしたいならば、私みたいに、きっぱりタバコをやめるなり、日本酒をやめて焼酎にするなり（笑）。でも、みんないずれ死ぬのですから。「我慢、我慢と生きているよりは、いいんだ、俺は。好きな酒かっくらって、早死にしてもいいんだ」というのもその人の人生です。そういう太く短くと豪語するお父さんもいらっしゃる。それはそれで、ご自分の生き方です。まわりの人が悲しみますけど。

二世の契り、また会える世界がある。これも方便ですが、大切な教えです。一つの蓮の葉っぱの上に生まれて身を託す。それが「一蓮托生」っていう言葉です。戦争で、特に、特攻隊の人なんかは、「一蓮托生であります」と挨拶して、ブーンと飛んで行って散っていったんです。送るほうも送られるほうも、「一蓮托生であります」と、再会の約束をして散っていった。一つの蓮の葉っぱの上でまた会おうな、一蓮托生って言ったのです。送るほうも、明日だか来週だかブーンと行って散るのですから。同期の桜、特攻隊の人たちは「一蓮托生であります」と言って、一つの蓮の葉っぱの上でまた会おうなと、別れの時に再会の約束をした。これも、二世の契りであります。「この世ではもう会えない。しかし、向こうでまた会おう」と。

だから、再会は靖国神社じゃないんです。仏教界みんなで、靖国神社問題に反対しています。神さまになんかされても困るのです。仏教ですから、仏さまになるのですから。靖国神社でなく、極楽浄土の蓮の葉っぱの上でまた会おうなと。皆さん、私が先に往《い》っちゃうかもしれませんけど、皆さんはゆっくり長生きして来てください。でも、きんさんぎんさんくらいまで頑張っても、いずれ来るのですから（笑）。すると、「浄友さん、私も来たわよ」と、この世でもう会えなくても、向こうでまた会えるというのが、今日の最後のお話でありました。

4　夕焼け小焼け

最後に、『夕焼け小焼け』を皆さんで歌って終わりたいと思います。ボランティアの東北の被災地でも、毎回歌っております。

『夕焼け小焼け』（作詞・中村雨紅　作曲・草川信）

夕焼け小焼けで日が暮れて
山のお寺の鐘が鳴る
お手々つないでみな帰ろう
烏といっしょに帰りましょう

これを最初に歌ったのは、三月三十一日です。福島県いわき市の、こういう体育館で歌いました。坊さん三人と行ったのです。最後に私がこれを歌うと言ったら、仲間が「やめたほうがいいですよ。本当に歌うんですか？」というので「歌うよ。あなたは司会なんだから、あとでフォローしてよ」と言いました。確かに、そうです。津波で家を流されて家がないのです。家があっても、原発の強制避難地域になっていて帰れないという人が避難所にいるんです。「その人たちの前で、『お手々つないで皆帰ろう、カラスと一緒に帰りましょう』という歌を歌うのか」と言われた。だから、まず、先ほどのお話「一蓮托生」を解説しました。「皆さん。この歌は、人生の帰るおうちなんです」と。「『仏説阿弥陀経』というお経には、『倶会一処《くえいっしょ》』と

いう言葉が出てきます。そういう一蓮托生の歌なんです」「この中でクリスチャンの方がおられたら、今回の津波で流された方は、天国に召されたのです。我々、仏教徒は仏さまの国、私どもの宗派では極楽浄土と呼んでおりますが、そういうところへ帰られた。残された私たちもいずれ、『ただいま』と帰るのです。すると、先に帰られた方が、『おかえり』と迎えてくださるのです」と言いました。そうしたら、「カラスと一緒は嫌だ」と言われる（笑）。面白いですね、いろんな人がいます。確かにカラスって嫌われ者なのですが、よく調べると、中国では子育ての上手な子思いのいい親鳥なんです。カラスは嫌だっていう人がいても、嫌われ者のカラスも救われて帰っていくのです。仏の救いに一切の分け隔てはない。

そして、二番。

子供が帰った後からは
丸い大きなお月さま
小鳥が夢を見るころは
空にはきらきら金の星

お子さんを亡くされた方もいらっしゃる。お連れ合いや親御さんを亡くされた方もいらっしゃる。「亡くなった方は、お星さまになったり、お月さまになったり、お天道さまになったり、千の風になったり、いつも私たちを見守ってくれているというのが二番の歌詞ですよ」と言って、最後に歌うのです。

では、皆さん、大きい声で最後にこれを歌って終わりにしましょう。

どうぞ、お元気でお過ごしください。ありがとうございました。

おわりに

いわゆる在家から得度して、現在まで法話をメインに活動してきました。二〇一四年（カッコ内は二〇一三年）は、真宗寺院二十三（三十九）カ寺、真宗以外の寺院六（四）カ寺、地域の仏教会二（二）カ所、カルチャーセンターなど一般の集いで三十三（三十一）回、法話のご縁をいただきました。もちろん、ご法事の際の法話を入れたら数え切れませんが、その都度感じたことは、宗教教育の必要性でした。「無宗教だ」と自負している（?）日本人に、今だからこそ必要な生き方としての仏教の出番を強く再認識し、そのような思いから、本書をまとめさせていただきました。

私は仏教に出会い、自分の生き方を見つめ直し、人として生まれた意義と有難さ、そして生きる喜びを感じることができました。

そんな喜びを人さまにお伝えすることが私の仕事、使命と思っております。

この出版のご縁をいただいた国書刊行会・小野貴史さん、田中聡一郎さん、鳴門仏教会の長谷寺住職・熊谷祐信さん、イラストを快く引き受けてくださった直野祥子さん、アドバイスをくださった本願寺布教使吉村隆真先生、そして「巻頭言」を書いて下さった無着成恭先生、無宗教・無関心だった僕に仏教のご縁を下さった故花山勝友先生に、改めて深く感謝し、さらに布教活動に取り組むことを誓います。

読者の皆さま自身とご家族、ご親戚や地域の方々、そして、日本、世界が平和で安穏な世の中になることを念じて……。

合掌

西暦二〇一五（仏暦二五五八）年四月七日（花祭のイヴで私の六十回目の誕生日に）

赤川浄友

参考・推薦図書

笑い関係

『笑いの処方箋』中島英雄　法研
『パッチ・アダムス』高柳和江　主婦の友社
『癒しのユーモア』柏木哲夫　三輪書店
『スイッチ・オンの生き方』村上和雄　到知出版社

平和関係

『憲法九条は仏の願い』念仏者九条の会編　明石書店
『憲法九条を世界遺産に』太田光・中沢新一　集英社新書
『ダライ・ラマとの対話』上田紀行　講談社文庫

仏教一般

『仏教入門』松原泰道　祥伝社黄金文庫
『般若心経に学ぶ』花山勝友　ＮＨＫサービスセンター

『がんばれ仏教！』上田紀行　ＮＨＫブックス
『倶会一処』無着成恭　太郎次郎社

真宗関係

『親鸞・悪人のすすめ』花山勝友　大和出版
『現代親鸞入門』信楽峻麿　法蔵館
『歎異抄に学ぶ大乗仏教入門』本多静芳　国書刊行会
『法話が好きになる本』吉村隆真　探究社

その他

『仏教法話』ひろさちや　四季社
『説教の秘訣』大須賀順意　国書刊行会
『庭説法』永六輔　本願寺出版社
『おてらくご』釈徹宗　本願寺出版社
『そっと後押しきょうの説法』僧侶の会　幻冬舎

赤川浄友（あかがわ・じょうゆう）

一九五五年東京生まれ。

慶応義塾大学商学部、文学部哲学科卒業。

堀越高等学校社会科教論などを経て、浄土真宗本願寺派僧侶。わかりやすく楽しい法話で、老人クラブから企業研修、外務省、大蔵省に至るまで宗派を超えた法話活動を行っている。

浄土真宗本願寺派布教使、妙蓮寺東京支院副主管、南無の会・なあむ☆サンガ「赤川塾」塾長、読売文化センター講師、自死・自殺に向き合う僧侶の会スタッフ、ＮＰＯ自殺防止ネットワーク「風」相談員、念仏者九条の会東京事務局、スーパーサンガ（宗派を超えてチベットの平和を祈念し行動する僧侶・在家の会）関東支部事務局、ボーズ・ビー・アンビシャス会員、笑い伝道士、笑い療法士、日本笑い学会会員、保護司。

連絡先「仏の赤川塾」

http://www.joyu-akagawa.com

お天道《てんと》さまは見《み》ている

二〇一五年五月八日初版第一刷発行
二〇二二年十一月十日初版第三刷発行

著者　赤川浄友
発行者　佐藤今朝夫
発行所　株式会社国書刊行会
東京都板橋区志村一—十三—十五　〒一七四—〇〇五六
電話〇三—五九七〇—七四二一
ファクシミリ〇三—五九七〇—七四二七
URL　https://www.kokusho.co.jp
E-mail　sales@kokusho.co.jp
印刷所　株式会社エーヴィスシステムズ
製本所　株式会社村上製本所
イラスト　直野祥子
ISBN978-4-336-05914-7 C0015